逐路臺灣

你所不知道的公路傳奇

自序

　　築路人為了臺灣交通的便利而築路；逐路人為了理想、為了興趣、為了探索、為了美景，或只為了親身體驗一條公路的傳奇及文化，或不為什麼理由，默默地在臺灣的土地上追逐公路。

　　我對公路的喜愛，源自小時候的「逐路」。每逢假日，父母便開車帶著我和弟弟四處探險，由後座的我們翻著地圖，指引路的方向，許多有趣的地名、有名的公路、地圖上的標記，不論上山下海，都被我們一一探訪。

　　及至成年，我有能力騎車、開車，便開始自行逐路的旅程。一開始漫無目的亂晃，最後發展為有系統地拍照、整理、寫成文字並發表於部落格，甚至成立公路社團「公路邦」，也才發現全臺灣有許多像我一樣愛好公路的逐路人，「公路迷」這個詞彙也因此孕育而生。

　　公路，與我們的日常生活習習相關，卻常被忽略，也許最美的公路絕景、最具意義的公路傳奇，就在你我時常經過的那條路上。我們習以為常的公路設備和路標，其實都蘊藏著不凡的精神和立意。有一天突然對這些設備的存在原因感到疑惑時，卻不知其所以然。例如，為何需要九彎十八拐？為何高架橋愈蓋愈高？為何公路會掛在懸崖絕壁上？為何有些馬路鋪的是水泥而不是柏油？最高的公路在哪裡？最直的公路在哪裡？我也曾經自問過，然後為了一解心中的疑惑，或為了印證查到的答案，於是又展開了逐路之旅。這本書的「公路密碼」和「公路之最」兩章，即是介紹諸多上述問題，並附上平日逐路的心得和照片，讓讀者在跟著本書「逐路」之餘，能獲得更多知識。

　　拿著相機追逐公路，無非希望能按下令人感動的快門，但拍攝這些公路之美有時候是需要一點時間和運氣的。有些景色會因不同的氣候、不同的季節而變化，像是「公路花語」，幾乎是春季限定，但偶爾也會有夏天、秋天才能見到的公路花海。此外，好的天氣，藍天白雲能將公路景色襯托得更鮮麗，可是這種天氣可遇不可求，取景的角度也關係到太陽的方位，時間點不對，下場就只有逆光。長年下來雖然累積了許多照片，但因照片年代過久，或因拍照時的氣候不好等因素，所以我在本書出版之前又利用僅有的空閒時間把許多公路跑了一遍，甚至臨時飛到澎湖取景，希望以最精美的圖文呈現給讀者。「公路絕景」及「旅行公路」兩章，即是以公路景色為主，並結合旅遊路線，讀者可以按圖索驥，也可以參考本書介紹，規劃一趟專屬的逐路之旅。

　　我從2003年開始經營部落格「新南極轉運站」，以「南極冰魚」的筆名將鐵公路交通的見聞寫成文章，並附以詳細的地圖說明。隨著閱讀者日漸增加，我對部落格裡文字和照片品質的要求愈來愈高，為了取得漂亮的照片，常常出師不利遇到壞天氣、或拍攝時太匆忙，有時候得跑好幾趟才能完成。如今能夠將這些公路的圖文出版成書，感覺就像看到辛勤栽種而結實纍纍的果園般。

　　「新南極轉運站」能成書出版為實體的《逐路臺灣》，得感謝前主編顏少鵬先生，在我還在撰寫博士論文的階段便想盡辦法聯繫接洽，並答應我取

得博士學位後再來寫書，期間的聯絡未曾中斷，及至我三年之後博論完成，全力協助我出書。另外，長期以來一直支持我的親友與讀者也是本書成書的關鍵，在彼此互動、探路、交談及分享的經驗中，累積許多公路知識，也才能將這些知識之寶集結成冊。邱主編所帶領的編輯團隊辛苦地排版、校對及張羅出版事宜，讓本書更臻完美。感謝所有《逐路臺灣》的築路功臣，沒有你們築路，我也無法將逐路的成果呈現於紙上。希望讀者在閱讀本書之後有所收穫，重新認識臺灣這片土地的公路與傳奇。

2014.5.1 謹誌

目錄 Contents

Chapter 1
公路密碼

Chapter 2
公路絕景 ──────────

Chapter 3
公路之最 ──────────

Chapter 4
旅行公路

Chapter 1

公路密碼

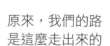

原來，我們的路
是這麼走出來的

1.1　愈蓋愈高的高架橋

　　當大家行駛在國道1號中山高的北部路段時，高速公路兩旁隨侍在側的五楊高架橋，既粗且壯的橋墩以及直上雲霄的高度，總讓人留下深刻印象。五楊高架通車初期，甚至有懼高症的駕駛人開到半途時被嚇得不知所措，最後被國道警察護送下橋。五楊高架的高度讓多數用路人難忘，不過五楊高架並不是最高的橋。

　　目前臺灣公路最高的高架橋是位於台24線的霧台谷川大橋，橋墩高達九十九公尺，約三十三層樓高；第二名是國道6號國姓交流道，橋墩高達

五楊高架林口段，約十層樓高的高架橋，其實是為了順應坡度。

七十二公尺，相當於二十四層樓的高度；排名第三的是國道5號烏塗溪橋，橋墩高度為六十五公尺。五楊高架林口段四十公尺的橋墩高度，只能排名老四，約相當於十三層樓，但的確也是相當高。

至於全世界最高的橋墩，是位於法國A75高速公路的米約高架橋，墩柱高度來到二百七十公尺（若包括墩上的斜張柱，則達三百四十公尺）。

相較之下，早年臺灣幾座代表性的橋梁，如以長度著稱的西螺大橋、澎湖跨海大橋，或以景觀聞名的關渡大橋，高度明顯輸了好幾截。大家或許會有疑問，為何現代的橋梁愈蓋愈高？以國道1號五楊高架橋為例，沿著公路兩旁而建的橋梁，理應是略高於主線即可，就像汐五高架一樣。而實際上，五楊高架橋卻愈爬愈高，到了某些路段卻又愈來愈低，例如泰山至林口，高架橋從十層樓的高度持續降低，甚至一度低於主線，然後又慢慢攀升。這條起伏不定如雲霄飛車般的橋，就水平線而言，其實才是最平順的，中山高主線反而才是起伏最大的。

這些愈蓋愈高的高架橋，有一個共同的目的：克服地形的障礙。早年開路，遇水築橋；現代開路，路見不平也築橋。以往開的路受限於工法，逆來順受，只能順應地形來建設，遇到山谷，路跟著轉彎；遇到陡坡，路也跟著走陡坡。表現在高速公路上，便產生了林口大爬坡以及三義大斜坡，都是運匠心中著名的急陡坡，上坡路段常見許多重型車輛爬得上氣不接下氣，下坡時又變成危險的溜滑梯，尤其是三義下坡路段，好多寶貴的生命不幸終結於此。

克服這類地形也很簡單，蓋一個比較長、比較高的橋就能減緩坡度。就像是推嬰兒車上人行道時，如果人行道的緣石太高，可以墊一塊渡作為斜坡。所以現代工程中的橋梁，除了跨越基本的溪谷之外，也具有渡板的作用，可用來克服地形障礙。

國道6號國姓高架橋是臺灣第二高的橋墩，橋面上相當於二十四層樓高。

　　行駛於國道1號平面路段時，正可與五楊高架互相對照，若發現五楊高架橋愈來愈高時，表示前方有個山頭，所以高架橋預先緩慢爬升，這也說明了平面的主線即將要爬陡坡。五楊高架橋為了減緩坡度，因此提前架高路面來因應，從下往上望就能感受它的高聳；但平面的國道1號工法較早期，只依地形的起伏來爬坡，沒有提前起跑，爬坡道也就比較多。

　　另外在國道1號三義大陡坡下方的大安溪橋東側，近年改建的省道台13線主線的新義里大橋，也利用高架橋來減緩坡度，橋墩明顯比國道1號高，因為彼此近在咫尺，可以作為新舊工法的對比。而在同一地區的臺鐵山線鐵路，也利用極高的高架橋減緩坡度，所以新的泰安車站形成了高架的車站，從地面爬上月臺得走五層樓階梯。

全程沿著山區而行的國道3號、國
道5號及國道6號，乃至於省道快速公
路台62及72線，幾乎沒有長坡的上下
坡，大部分的陡坡都被具有渡板性質
的高架橋給緩和了，相對的，高架橋
就得蓋得比較高、比較長，但一般人
甚少經過這些公路底下，也就不知道
它們的高度了。國道1號有二個著名的
長陡坡，全線沒有高度直上雲霄的高
架橋，事實上國道1號也顯少有高架的
路段，大部分都是土堤的形式。如果
國道1號再晚個十年才設計興建，三
義、林口路段應該就會以高聳的高架
橋取代。

A山的公路順應地形來爬坡，因此出現陡坡；B山的公路提前以高架橋來爬升以減緩坡度，相較的就會出現高聳的橋墩。

新舊工法的比較，高架橋是台13線新義里大橋，使用新工法，提前爬坡克服地形，下方國1主線則是到了山腳下才開始爬陡坡。

1.2 一圈圈層疊複雜的交流道

　　高速公路的交流道，有的簡單、有的複雜。行駛在簡單的交流道時相對輕鬆，不需要動太多腦筋；但複雜的交流道，不但需要腦筋急轉彎，遇到分岔路時，還得在短時間內判斷向左走、向右走，深怕走錯路得付出十多公里冤枉路的代價。即便現在GPS衛星導航很方便，有些還有現場擬真畫面，但當龐大且複雜的交流道近在眼前時，如果不熟悉路況的話，在順利通過交流道難關之前，駕駛人心中難免掛著大石。

　　也就是因為龐大複雜的事物特別容易引人關注，高速公路的交流道，除了層層疊疊的匝道外，還有許多一圈又一圈不斷繞著的環道圖形，讓人嘆為觀止。這些複雜的匝道最主要目的是增加行車速率，以立體交會的匝道來解除道路交會時所產生的紅綠燈。所以簡單的交流道，絕大多數都看得見紅綠燈；複雜的交流道則大部分沒有紅綠燈，也不會出現十字交會的道路。

　　既然如此，交流道為何需要許多圈圈？一般而言，需要設置交流道的地方，必然是一處道路的立體交會點，繞圈的環道就是為了連結上下層道路而興建。交流道的腹地有限，如果上下層之間的聯絡道路太短，勢必造成陡坡；若設計得太長，又需要更多腹地。通常交流道最外側的匝道，因為腹地夠，多是直線或帶一點微彎曲的匝道；而內側的匝道，空間有限，為了順利連接上下層道路，便以繞圈圈的環道來增加匝道的長度，並有效減緩坡度。這道理就像爬樓梯，如果從一樓到二樓，樓梯沒有任何轉折，樓梯的長度便相當長，所以為了節省空間，多數的樓梯會設計一個以上的轉折處，形成U字形的爬梯動線。如果是旋轉樓梯的話，空間更省，只要一個定點，繞著主軸邊旋轉邊往上爬，即可在有限的空間內，輕鬆地往來上下層。交流道的環道概念即類似旋轉樓梯。

臺64觀音山交流道複雜的環道。

以一個正常十字交會的交流道而言，內圈的環道最多是四個。在十字交會的每一象限裡各有一個圈圈，遠看就像幸運草的四片葉子，所以稱為四葉型交流道、幸運草型交流道，或苜蓿葉型交流道。

臺灣的四葉型交流道相當多，如大雅交流道、平鎮系統交流道、嘉義系統交流道、下營系統交流道等。四葉型交流道除了解除平面交會的優點

幸運草型交流道，又稱四葉型或苜蓿葉型交流道。

外，就藝術效果而言，空拍的照片相當漂亮，常被作為宣傳照。此外還有一項奇妙的特點，進入了四葉型交流道的匝道之後，如果遇到叉路一律右轉，那麼將會在交流道內不斷循環，陷入無限迴圈。

　　如果腹地空間更狹小，連四葉型交流道也無法容納的話，便會增高匝道的高度，以大圈線的方式跨越或穿越主線。一眼望去，只見匝道層層疊疊，相當有存在感。這類交流道稱為環狀交流道，有的會和四葉型結合，部分匝道走大環線，部分匝道繞小圈圈。臺灣早期的環狀交流道，大環線匝道穿越

主線時多以地下涵洞穿越，工程相對簡單，造價也便宜，臺北（重慶北）交流道、臺中（中港）交流道即是一例。而後隨著工法的進步，新竹系統交流道出現了跨越主線的高架大環線匝道，形成臺灣第一個層疊的交流道景觀。國道3號與4號交會的中港系統交流道，也屬結合四葉型的環狀交流道。中港系統交流道因為有制高點可拍攝全景，以往須透過空拍才能取得的景象，現在站在一旁的高地，整座交流道即映入眼簾，成為攝影玩家的聖地。

　　如果腹地空間再不足夠，或者車流量不高，不需要花大錢建設無平交

以環形設計的中港系統交流道。

路口的交流道，簡單的交流道即可滿足。這類交流道以雙向各二個上、下匝道連接平面道路，形成一個菱形，造型像是顆鑽石，所以稱之為鑽石形交流道。有時平面路口眾多，會拉長鑽石的長度，高雄交流道即是一例。

　　若是 T 字交會，交流道設計相對簡單。若將主線雙向上下匝道分散，看起來像是一個 Y 字，稱為 Y 字形交流道；若將匝道集中，設計成環道，遠看就像喇叭，則稱之為喇叭型交流道。這類交流道在臺灣也很常見，日本及大陸興建的高速公路，因為收費站多建置在匝道上，所以 Y 字或喇叭型交流道更是普遍。

　　其實交流道的設計，大部分皆是因地制宜、量身訂做。上述的幾種只是通則，實際上仍有許多變形。對於

工程師而言，設計交流道就好像一門藝術，線型安排、環道半徑及坡度都需要精密的設計。若是三條以上的道路交會，交流道的設計將更為複雜，例如國道3號與台74線、台3線交會的霧峰交流道。而日本在有限的腹地中，甚至有許多匝道在原地轉了好幾圈，或直接穿越建築物形成的奇特景觀。

霧峰交流道，複雜的匝道層層疊疊。

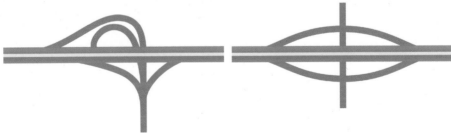

Y字形交流道示意圖　　　　　　　　鑽石形交流道示意圖

1.3 各司其職的公路隧道

　　隧道，從甲地到乙地，從這端到那端，穿過去就好像穿越了一個時空，來到另一個原本得花費更多時間和體力才能抵達的地方。除了公路、鐵路會經過隧道以外，也有給水流走的疏洪隧道、灌溉隧道，或給動物走的生態隧道。至於公路隧道，其實也分成很多類型。當我們過隧道時，或許會感覺到這座隧道「不一樣」、「怪怪的」，但又說不出個所以然，所以本單元將為大家解惑：為什麼隧道不只是隧道。

　　就一座最普通的公路隧道而言，通常就是一個穿越山體的孔洞，稱之為「單孔隧道」。隧道的直徑大多可容納一至二個車道，比較大的可容納三線車道。但若遇到四線以上的公路，通常就會施作二條平行的隧道，每座隧道各二至三個車道，提供雙向車行，這種隧道稱之為「雙孔隧道」。

　　高快速公路大多為雙孔隧道，四線道的普通公路如台14線中潭公路上的育樂隧道，也屬於雙孔隧道。有趣的是，雙孔隧道不一定會用共同的名字。

單孔隧道，台30線玉長隧道總長為2.6公里。

雙孔隧道，台62甲線，二號隧道。

國道1號唯一的隧道，在基隆端一上來就遇到的雙孔隧道，南下為「中興隧道」，北上為「大業隧道」。這其實是有歷史原因的：「中興隧道」原本是中山高的前身，臺北至基隆的「麥克阿瑟公路」快速公路專用的單孔雙向隧道，後來麥克阿瑟公路升級為中山高速公路的一部分，中興隧道變成南下專用，因此在中興隧道的東邊蓋了一座平行的北上專用隧道，名之為「大業隧道」。

除了單孔、雙孔之外，若是較長隧道有安全上的考量，會再施作第三條比較小的隧道，稱之為「導坑」。通常導坑會先開挖，用以觀測地質，完工後則作為緊急疏散道。雪山隧道南下、北上平行的雙孔隧道之間，即有第三條作為導坑的隧道；英

雪山隧道導坑東口，位置略低於主線的雙孔隧道。

法海峽海底隧道雖然是鐵路隧道，但在雙孔隧道的中間也有一條導坑，而且平時會有雙頭的消防救災車在導坑內來回行駛。

台8線太魯閣段的長春隧道和西拉岸隧道，出現了罕見的隧道內三叉路口。主線是台8線長春隧道，隧道內有一叉路口，即西拉岸隧道。但因隧道內光線昏暗，事故易生，所以西拉岸隧道被改成單向通行，僅能西行匯入長春隧道；至於長春隧道雙向要進入西拉岸隧道，已被禁止。

就隧道的目的而言，大多數都是穿越山嶺以避免在山區盤繞，因此又稱為「山岳隧道」。而全臺最高的山岳隧道則為台20線南橫公路的大關山隧

道，位處二千七百二十二公尺的高山上，但毀於2009年莫拉克颱風帶來的八八風災，預計2014年5月後沒多久就會修復通車。

　　山區公路風險多，自然災害如落石及坍方，公路災害如狹彎陡坡，都是行車安全的阻礙。若以隧道取代山路，將可有效避免山路的風險，不過隧道的造價高、工期長，必須綜合實際效益來考量是否興建。

　　除此之外，另有連接陸地與島嶼，或島嶼與島嶼間的「海底隧道」。臺灣唯一的海底隧道為高雄旗津的過港隧道，而香港為了連接九龍與香港島的交通，目前擁有三條穿越維多利亞港的海底隧道。另外還有「地底隧道」，大多數給火車走；如果穿越了河底，就變成「河底隧道」。車行的地底、河底隧道，臺灣目前沒有，世界上也少見。日本東京的首都高速中央環線的「山手隧道」將快速公路地下化，建造了十一公里長的地底隧道，以減輕地面上負荷過重的高架橋和平面道路。

台8線太魯閣段的流芳橋直接深入後方的隧道。

　　除了穿山、穿海、穿地底，另有一種「假隧道」——明明不需要隧道穿越的地方卻蓋了隧道。國道3號桃園大溪路段的埔頂隧道，前後總共有二座雙孔隧道，其中「埔頂I隧道」約五百五十五公尺，「埔頂II隧道」為三百五十公尺。而大溪埔頂段的國道為地塹形式，在既有山地向下開挖，但埔頂地區已有都市計畫，為了不讓國道造成社區斷裂，所以設計了二座假隧道，就好比在兩處地塹段加上蓋子，隧道上方則為道路及公園綠帶。

　　隧道本身以雙孔設計，單向就有四線道，雙向計有八線道。假隧道的外觀和山岳隧道差很多，不像山岳隧道的圓拱形入口。埔頂隧道的入口是

國道3號大溪路段的埔頂隧道屬於假隧道。

縣道140線為了防止火炎山土石流而建的火炎山隧道屬於假隧道。

一個寬大的門形，門面仿大溪老街的灰白色洗石子外牆；雙孔的隧道之間，實際上僅是一面比較厚實的牆。

　　鐵路隧道也有假隧道，南迴鐵路的嘉和隧道，又稱為嘉和遮體、嘉和掩體，是為了躲避軍事演練區的砲擊，所以在平地蓋了一座拱形隧道，只是隧道建好之後，軍事區竟也遷走了。

　　縣道140經過火炎山下的路段，原本沒有任何遮蔽物，但因為火炎山惡地被豪雨沖刷下來的土石流經常破壞公路，對路人也造成了威脅。於是公路總局在這裡建造了一座長約八百公尺的「火炎山隧道」，這座隧道也是十足的假隧道，就像是一條長長的管狀罩，將公路覆蓋於罩子下，土石泥流便可從隧道上方通過。

山區公路為防範落石擊路而建的明隧道，頂部通常是一個斜面，以利土石從上方流下。

　　在山區，有一種隧道帶有一支支柱子，讓路人可以看見隧道外的風光，這類隧道稱為「明隧道」。明隧道也是一種假隧道或掩體，大多出現於通過山壁的路段，為的是防範落石襲擊。明隧道的頂部通常會設計成一個斜面，像溜滑梯一般，讓落石直接從明隧道上方滾落山谷，側面再以一座座粗柱支撐它的屋頂。但明隧道不是萬能，如果落石量太大，或直接山崩時，明隧道可能無法抵擋而塌掉。

　　台61線尚有一座特別的隧道——新竹的「鳳鼻隧道」。鳳鼻隧道原名鳳岡隧道，全長二千二百五十公尺。因為隧道上方為砲擊軍事基地，為了避免流彈誤擊公路，於是蓋了一座假隧道因應。但隧道本身以明隧道的形式興建，隧道

台61線鳳鼻隧道是為了防範軍事流彈誤擊而建的假隧道，採用明隧道的形式。

的外側是一支支粗壯的柱子。目前鳳鼻隧道是最長的明隧道，也是最長的假隧道，另外，它的雙孔四線道實際上不完全是「雙孔」，因為南下與北上的車道之間，也僅以一支支粗壯的柱子支撐，未如國道3號埔頂假隧道雙向之間的實心牆面，所以白天隧道內的光線勉強尚可，全線都是可變換車道的短白線，未如其他長隧道是禁止變換車道的雙白線。

1.4 路面，不只是柏油

　　柏油路，對你我而言都是再熟悉不過的馬路，偶爾馬路鋪得不好、失修、出現補丁，邊開車邊咒罵的心情，眾人皆可體會。一般認知的柏油路，在道路工程上稱之為「瀝青混凝土鋪面」，早年多使用柏油鋪路，因為柏油對身體有害，所以現在均改用石油所提煉的「瀝青」，所以柏油路已經沒有柏油，但大家已習慣稱呼「柏油路」，就像「火車」不再燒煤起火作為動力來源，但坊間卻仍習慣沿用舊名詞，這在語言文字的發展過程中是很常見的現象。

　　如果仔細觀察我們的馬路，會發現是由一顆顆黑黑的石子鋪成的，石子本身並不黑，因為加入了既黑且黏的「瀝青」，除了凝結鋪面中大量細碎的小石子外，也將這些石子染成黑色。目前除了黑色的瀝青路之外，也陸續出

台28線剛鋪好的瀝青鋪面，黑得發亮。

國道1號五楊高架橋的多孔隙瀝青鋪面，排水性佳，雨天車輛行經時不易起煙霧。

現紅色、藍色等彩色鋪面，用不同顏色的鋪面來區別不同的專用道。它的製作原理有點像花生糖，瀝青好比蜂蜜和糖漿，花生顆粒好比石子。鋪路時，先將瀝青加熱與石子均勻攪拌，再趁熱鋪在馬路上，並用壓路機夯實，待冷卻後，瀝青凝固，馬路就完成了。所以剛鋪好的馬路總是散發著蒸騰的熱氣，車輛經過剛鋪好沒多久的路面時，沒有完全凝固的小石子就會隨著車胎捲進輪拱並敲擊著，發出「咔啦咔啦」的聲音。

　　若細看任何一條瀝青混凝土路，表面比我們想像的粗糙許多，唯有如此才能提供摩擦力讓車輛安全地加、減速，並平穩地行駛。目前有一種進階版的瀝青路面，看起來更粗糙，稱之為「多孔隙瀝青混凝土鋪面」。「多孔隙」顧名思義，表示路的孔隙較一般柏油路更多、更大，路面因為有更粗糙的孔洞，所以排水性佳，不易積水，對行車安全更有保障。一般瀝青混凝土路面遇到下雨天，如果排水稍差，容易積聚水氣，當車輛行駛其上，尤其是大型車，速度一快，往往產生很大的煙霧，常行駛在國道上的朋友應該都有類似的經驗，雨天的車輛好像騰雲駕霧一樣，車子周邊都是水霧，對後方車輛的行車視線造成干擾。多孔隙路面則能有效降低行駛時產生的霧氣，目前國道6號以及國道1號五楊高架橋，已全面使用多孔隙鋪面，下雨天不再發生車輛「騰雲駕霧」的場景了。

　　另外，過收費站時，車子會明顯震動，目前收費站已全數拆除，後代子孫可能難以想像當年進、出站的震動感受。其實，收費站所使用的路面為「水泥混凝土路面」，有別於一般柏油路。「水泥混凝土路面」屬於「剛性路面」，因為硬度高，對車輛而言，震動及噪音就比較明顯，但路面比較不容易受到破壞。所以剛性路面大多出現在加速、減速頻繁的路段，例如收費站，或者高速公路末端的坡道。相較之下，瀝青混凝土路面比較柔軟，對車輪的回饋力道較低，所以震動及噪音皆小，行駛其上比較舒適些，稱之為「柔性路面」。可是長期承受車輛頻繁地加速、減速，容易使路面凹陷及隆起。

　　臺灣絕大多數的公路都是瀝青混凝土路面，也就是俗稱的柏油路。水泥路面雖然施工較為費工，壽命卻比柏油路還要長，保養的時間也比柏油路少，所以某些國家的水泥混凝土路面反而是主流。例如香港的道路大多數是水泥路面，所以車輛行駛在香港的馬路上，常會有明顯的震動；美國高速公路也大多是水泥路面，行駛的噪音和震動也較明顯。國道3號剛建成時，也有長路段的剛性水泥路面試鋪區間，一是龍潭至關西路段，一是名間路段，一是白河至新化路段，只是這些路段最近又全面改成柏油路了。臺灣的離島、外島，除了較大的市區聚落外，道路系統也多以水泥鋪面為主，目的即是便於養護。

　　除了常見的瀝青及水泥兩種鋪面，還有石子、泥土，以及人行道上的人行磚等鋪面。早期國力還不強盛時，山區道路的鋪面時常使用石子，不像今天幾乎都是柏油路。石子鋪面不好走，車輪容易打滑，車行速度不快，騎機車更是寸步難行。1990年前後，台20線南橫公路部分路段仍使用石子鋪面。目前全臺灣唯一使用石子鋪面的是縣道197線寶來至鸞山段的十四公里區間。至於泥土路，幾乎等於沒有鋪面的越野道路，山區的林道比較常見，也很容易埋在荒煙蔓草之中而被大自然回收。

國道收費站路段常見的水泥混凝土路面，屬剛性路面，車輛行經的震動大。

國道3號龍潭至關西曾試辦長路段的剛性路面。

縣道197是目前臺灣唯一使用碎石子鋪面的公路。

1.5 花花綠綠的隔音牆

　　平常開車在路上，或者搭車看著窗外風景，行經國道或高架橋，經過緊鄰聚落或住宅的地區，路邊便冒出高高的牆。坐在車裡通常難以望見牆外的世界，坐在大巴士上，還可以透過牆頂窺見牆外的一點世界。雖然這些高牆扮演著風景殺手的角色，但對於住在高架橋、公路邊的居民，卻可增加一點生活品質。不管是國道高速公路或省道快速公路，這些封閉式高快速公路通常是高於地面的。有的直接施作高架橋，有些則是「土堤」式高架，意即使用土堆來墊高公路，也因此產生「邊坡」，國道1號南部路段幾乎都是土堤墊高的工法。

　　車輛行經路面時，除了引擎本身的噪音外，車輪、車底與路面、空氣摩擦所產生的噪音和振動，常常比引擎聲還要擾人。車輛愈大，愈會產生若干震動。一旦公路的高度升高，無疑讓這些聲音傳播得更遠，站在高架橋邊就

國道1號基隆端高架匝道雙向的隔音牆。

隔音牆大多帶有規律的線條變化，圖為國道1號臺南路段常見的紅邊黃牆樣式的隔音牆。

能體驗這股宛如3D杜比音響的重低音效果，更別說是住在旁邊的居民了。為了減緩噪音，便在路邊築起一道道高牆，稱之為「隔音牆」。但隔音牆並不能完全「隔音」，它只能「減音」，噪音仍然存在，只是比較不嚴重。

　　開車在路上必須眼觀四面、耳聽八方，專心看著路況，當路況良好的時候，沒有外來的刺激，很容易加深疲倦感。如果路的兩旁都是白白的牆，那就好像進入沒有壁畫的隧道裡，單調而一貫的連續景色就像催眠曲。所以長隧道的牆面通常會有一些彩繪的紋路或線條，隔音牆也是一樣。

　　隔音牆的材質非常多，大部分都是不透明的，因此在單一色調的牆面上，便擁有設計發揮的空間。大多數藉由不同色彩的幾何圖形來做變化，比較講究的則會在牆頂加上特殊造形。不同路段因施作時間及設計施工的廠商不太一樣，也造就不同路段的識別意象，看到隔音牆的設計就知道自己身在何處。例如國道1號臺中大雅路段，白色的牆面點綴著青綠色組成的幾何波浪線條，但淺色系的牆面早已被眾廢氣熏成灰黑色，有些被攀藤植物占滿，

五楊高架橋透明隔音牆上帶有猛禽的圖案，以嚇退鳥類，避免小鳥撞到透明隔音牆。

全變成一片綠。臺南路段是色彩比較鮮明的銘黃色，搭配大紅色的邊框，固定一段距離會穿插透明的牆面及三角尖頂來做變化。大臺北地區則比較常見深、淺綠色互裝搭配的隔音牆。隔音牆的設計多半是相類似的圖形配上不同的位置來做連續變化，乍看之下很單調，但基本的色彩效果其實減低了視覺上些許的壓力。

雖然單調的幾何圖形變化對乘客而言很無趣，但隔音牆也不能使用太濃重的效果，甚至把火車車廂常見的彩繪給搬上來。如果駕駛人為了「欣賞」隔音牆的彩繪而忽略行車安全，便是本末倒置了。

行經山巒層疊的國道6號，隔音牆的設計非常特別。為了讓駕駛人能欣賞翠綠的山林美景，選用了透明材質的牆面，讓視野能夠穿透至牆外，將隔絕感減至最低。但山區常有成群的鳥類飛翔，一時之間多出了這道透明牆，

台74線行經醫院的路段，隔音牆加高且頂部向內彎曲。

只怕會有許多小鳥撞上。設計單位想出了一個有趣的辦法，每隔一段距離便在透明的牆面上便繪製一隻展翅飛翔的老鷹，藉由以假亂真的猛禽，嚇退試圖靠近的雜鳥，目的也是為了避免鳥類無辜傷亡，這方法和稻草人有異曲同工之妙。後來興建的國道1號五楊高架橋，也有類似的設計。

　　其實隔音牆再怎麼隔，也無法百分之百隔絕聲音。最有效的辦法就是將高速公路設計在下凹的地塹溝裡，兩旁再空出一定的距離種植大量植物，用自然的方式來隔音，但在建築緊密的都會區不易取得用地，所以大多只是在路的兩旁增建三至五公尺高的隔音牆。再不然也可以加高隔音牆，頂部再稍為向內彎，形成半全罩式設計，如台74線行經慈濟醫院的路段。

1.6 路標的玄機

　　路標及路牌，無疑是公路中最重要的設備，沒有了這些標示，漫漫長路便失去了方向。早年的路標、路牌設計還不算健全，開車在路上還真要有點方向感；現在的公路設備愈來愈完善，出了一點差錯還可能上新聞。

　　目前臺灣的路標系統分為「普通公路」及「高快速公路」兩套標準。高快速公路的系統，最為人注目的應該是交流道之前兩兩一組的地名。為了讓駕駛人提早應變，通常在交流道出口前二公里就會開始分二次預告——第一次預告會在地名下方標示「出口2公里」，第二次預告是「右線」，最後在出口的「行動點」則有路牌直接畫一個斜向的「↗」箭頭，錯過這裡，交流道出口就掰掰了，但可別冒險在路肩倒車，這是很危險且違反交通規則的事。

欲下交流道時，當看到路標預告為「右線」，請務必將車輛切至外線道以提前準備。

出口預告左、右的地名，即代表下交流道之後地名的位置。圖為國道3號大溪交流道，預告地名達四個之多。

國道都會區路段，出口預告地名改以道路名稱為主。

　　我小時候對於每一個交流道出口兩兩一組的地名很感興趣，還直接用紙筆記錄交流道及地名的對應。這些地名稱之為「出口預告地名」，告訴用路人下了交流道可以到哪裡，地名原則上以交流道周邊鄉鎮市區的主要地名為主，大多兩兩一組，且擺放的位置也有次序。以嘉義交流道的「嘉義、北港」為例，車行方向為南下，嘉義市在左手邊，北港在右手邊，所以該面出口預告的左右順序為「嘉義｜北港」，中間的「｜」為分隔線；如果是北上方向，順序就會反過來變成「北港｜嘉義」。

　　少部分的出口預告僅單獨一個地名，如三重交流道的「三重」，茄苳交流道的「新竹」；出口預告地名最多可達四個，如大溪交流道的「中壢、平鎮、慈湖、大溪」。

　　至於國道1號的臺北、高雄兩都會區，出口預告不以地名標示，改以「路名」為主，如「建國北路」、「三多路」等。

　　省道快速公路基本上延續國道的標示方式，但標示的通則較為多樣化，有些路段以大地名為主，有些路段又盡列小地名，有些地名和路名並列，如台65線的「新莊・中正路」。而位於臺中市的台74線，出口預告幾乎全數皆

省道公路的「預告點」，以彎曲的
長箭號標示。

省道公路的「行動」點，以直接的
箭號標示行經方向。

列路名而不列地名，是較為特殊的。

　　普通公路的路標也有「預告」。在路口之前會出現二次，第一次為「預告」點，會在地名後面加上彎曲的長箭號標示，箭號的尾巴比較長，表示還要再走一段路，才會抵達分岔的路口。到了路口時，第二次路標出現時，稱為「行動」點，此時彎曲的長箭號換成了直接的「←」、「→」等箭號，告訴用路人直接轉彎，別再猶豫了。等轉進去了，這時路標再度出現，但後面不再接箭頭，而是告訴你里程數，這面路標稱為「確認」點。假設走錯了，請想辦法回頭。

　　至於路標色彩，一般地名以綠底白字、行政機關以藍底白字、遊憩區以棕底白字為主。普通公路原則上會提供直行、左轉、右轉三個方向的指標地名，以三列方式呈現，但也可以多列呈現，最經典的就是台14線與台14甲的東行分岔路口壯觀的「路標海」。雖然路標標示愈詳盡愈好，但如果太過詳盡，什麼都要標上去，資訊太多的效果就如同沒標示，即便是熟悉公路系統的我，看到台14線、台14甲分岔口這團路標海都眼花撩亂，一時間無法分辨行車方向，更別說初來乍到的駕駛人。

台14線與台14甲於霧社的分岔點，眼花撩亂的標示令人一時間無法快速判斷。

　　上述所說的常見路標，在專有名詞上稱之為「分離式指標」，路標設計主要參考日本，以「箭號＋地名」的形式告訴駕駛人哪裡要轉彎、哪個路口通往什麼地方。優點是簡潔明瞭，但它有個天敵——複雜的路口——例如系統交流道的環道，甚至四通八達的圓環，分離式指標就無法精準地表明方向了，這時必須使用「圖示化指標」。

　　有別於分離式指標，圖示化指標用圖示化的方式顯示交叉路口、分歧路口，甚至可以標示複雜的系統交流道路線，讓駕駛人一目瞭然。臺灣早期的

系統交流道常見的圖示化指標。

臺南車站前圓環的圖示化指標。

路標也是圖示化指標，但牌面較小，字體也小，設計原理稱之為「炸彈開花式」。1993年開始，參考日本陸續將路標改為分離式指標。不過日本實施分離式指標一陣子之後，又全面改為圖示化指標，臺灣近期也有許多路段試辦圖示化指標，國道高速公路各系統交流道的出口預告牌，大多已換成圖示化路標，普通公路也試辦圖示化指標。當您行車在路上時，若看到加註路線圖示的路標，別懷疑，它就是圖示化指標。

另外，路標的字體也是有規範的。「字形」本身就是一門學問，講究的單位所有的文宣、標示，字形和色系都有統一的規範標準，臺北捷運、臺灣高鐵都是明顯的例子，公路指標的字體亦同。國外還有專為路標設計的字形，例如美國最有名的FHWA英文字形，以及日本專為高速公路設計的「公團黑體」，目的皆是讓高速行駛的駕駛人，能在最短的時間內判斷路標上的文字。

早年臺灣的路標多使用書法楷體字，國道自始則以粗黑體為主。普通公路實施分離式指標後，中文字也統一為粗黑體，英文則依美國專為公路路標設計的FHWA字體為主。

路標的材質也是不能馬虎的。白天看得很清楚，晚上也能看清楚，這是怎麼辦到的呢？其實絕大多數的路標都使用了反光材質，晚間在車燈照射下依然能看清路標內容，而不必依靠其他光源。所以在晚上拿著相機拍路標並打閃光燈，照片中的路標一定猶如發光般。但再怎麼反光，夜間的可辨識度仍然有限，所以重要路口的路標仍會有專屬的燈光照射。臺灣近年也出現了一些專為夜間設計的路標，例如高雄市把路標及廣告招牌的燈箱結合，讓夜晚的路標也能發光。這個設計出現後，各縣市也多有類似的作品。

另一種常見的創意是高快速公路路標上的文字布設LED燈源，因為LED白天看是透明的，完全沒有影響，夜晚LED發光了，路標上的文字也發光

布設有LED燈源的路標，文字會自動發
光。

　　了，顯得相當漂亮；只是故障率好像有點高，我常常看到這些會發光的LED
路標無法正常作用。

　　每種路標都蘊藏著多年來的實驗結果，或許不久的未來又會改變，在
在都是為了提升用路的便利及安全。現在3C科技發達，有部分駕駛人只靠
GPS導航系統的指令左右轉，反而不看路標了，這是本末倒置的行為。如果
習慣路標的邏輯，出門前先做功課看地圖，上路後再依靠路標找路，並輔以
GPS，就能輕鬆走遍臺灣大小角落。

1.7 公路護欄學問大

　　公路邊緣出現矮短的長牆或短柵欄的
裝置，稱之為「護欄」。護欄的種類相當
多元，分類非常細，每一種護欄都有它的
特性，對於公路及車輛的保護力也不盡相
同，本書無法全面介紹，大致上僅提出我
們常見或者是特殊公路景觀的護欄和大家
分享。

　　首先是普通公路最常見的紐澤西護
欄，工程上又稱之為連續性RC護欄。這類
護欄全為水泥灌漿施作，本身即有一定的
重量可承受重擊。而護欄的牆面設計成二
段斜面，下半較寬，但斜面較緩；上半部
窄，但角度較陡。設計成這種形狀的原理
在於防止車輛飛出護欄邊坡之外；當車輛
不慎撞擊護欄時，由於下半部的護欄有一
個較平緩的斜面，讓輪胎可以爬上去然後
彈回馬路上，速度過快雖然可能翻車，但
不至於摔出護欄外或飛到對向車道造成更
大傷亡。

　　1950年代，美國紐澤西州史帝文斯工
學院設計出這款護欄，並於紐澤西州大量
使用，由於成效非常好，因此推廣至全美

縣道120線兩側的紐澤西護欄，
也是臺灣最常見的公路護欄。

設計為一塊塊模組化的紐澤西
護欄，提供工程之需，可隨時
移動位置。

國，乃至於全世界，所以稱之為「紐澤西護欄」。臺灣早期大多使用水泥矮墩柱，一塊一塊白白的短牆就像一塊塊豆腐般，或如萬里長城凸起的牆垛，新竹三峰至峨嵋有一條築在稜線上的路，就被稱之為萬里長城公路。1990年代引進紐澤西護欄後，取代了矮墩柱護欄，成為臺灣公路的主流。現在紐澤西護欄還發展出多種形式，尤其是為了工程所需，將紐澤西護欄設計成一塊塊模組，可視長度的需求來組裝，也可以隨時撤除，甚至被帶到戰場上作為掩護用；有些為了方便攜帶，設計成可加水的塑膠外殼護欄，這些模組化的紐澤西護欄在臺灣也很常見。

　　另一種常見的護欄是短柱配上長條的鋼浪板，又稱為W形鋼板。短柱是護欄的基樁支架，材質有水泥、金屬及木材等，鋼板多為鋼製，近年也有部分塑鋼材質。國道1號中山高剛完工時，全線幾乎都採用這種W形鋼板式護欄。鋼板護欄的排水性佳，本身也可以吸收力量來減緩反彈。

　　山區公路比較常見鋼板護欄，僅在崖邊等危險路段才會增設紐澤西護欄。台14甲合歡山公路的護欄，為了在雪季時提升警示效果，鋼板均漆上亮黃色色彩，墩柱則漆上紅色色彩，遠觀變成山林中黃紅交織的彩帶，當積雪深厚時，黃紅的色彩成為銀白大地唯一可辨識的道路記號，發揮了最大效能，成為合歡山公路標記。通往司馬庫斯的竹60線那羅至宇老路段，W形鋼板護欄的材質換成了藍色壓克力並貼上白色的反光條，看似山區中的藍色長龍，是比較特別的公路風情。

　　歐美地廣人稀的區域，有些高速公路是不設護欄的。紐澤西護欄雖然可以防止車輛衝到對向車道以免釀成更大的傷亡，但彈回原本的車道仍會造成同車道的追撞事故。所以歐美部分高速公路將雙向的車道隔離至少十米寬，路的兩側再設計坡度較緩的邊坡，發生事故時，車輛直接衝進兩側的邊坡，邊坡的泥土可作為緩衝，不會發生追撞或飛到對向車道而波及無辜，徒增傷亡。

國道3號香山段，中央為紐澤西護欄，側邊邊坡為W形鋼板護欄。

公路上常見的W形鋼板護欄。

　　臺灣國道有邊坡的路段，邊坡側大部分仍以鋼板護欄為主，目的在減緩車輛彈回馬路上的力道，以避免被追撞，如果護欄無法抵擋衝出時，外側還會有草土的邊坡可以減緩車輛衝擊。中央分隔島的區域，原本國道皆以鋼板護欄為主，雙向鋼板配合矮灌木路樹，但車禍時常有大型車飛到對向車道，造成更大傷亡，近年來國道中央分隔島的鋼板已陸續置換成紐澤西護欄。甚至有些中央分隔島已沒有行道樹，直接設計成雙面的紐澤西護欄，再插上一支支綠色的防炫光板。

　　另外還有一種結合紐澤西及鋼材質的混合式護欄，護欄底座為RC水泥，上半部改為鋼條或鋼板。這類的護欄比較常使用於橋梁上，臺東地區的普通公路也很常見。而橋梁本身的護欄，變化性就大很多，有紐澤西式、有鋼條式、有水泥柵欄式，還有綜合式的。為了景觀的需求，橋梁的護欄時常連同路燈一起耍花招，例如結合在地農特產品，將意象使用於護欄及路燈上，讓用路人耳目一新。

橋梁護欄多會再加一層鋼構，並設計成特色橋梁，圖為新高屏大橋。

1.8 數字會說話：公路編號的邏輯

　　眾所皆知，國道1號就是中山高，省道1號就是縱貫公路，萬瑞快速公路就是台62線。「國道」、「省道」、「縣道」、「鄉道」各有不同的標誌，公路的編號也有一套邏輯規則。這些生活中的知識，早一輩的人因為課本沒有教，只能靠自己摸索，或全靠GPS導航；新一代的年輕人已能從地理課本中學習到，但通常考完了就忘記了。若能大略知曉臺灣公路安排的邏輯，對於開車上路具有莫大幫助，至少迷路又沒GPS時，佐以問路，一定能順利脫困。

　　早期臺灣公路並沒有「編號」，全以中文命名，命名的方式很多元，大部分是合稱起點、終點的地名，如「蘇花公路」即蘇澳至花蓮，「羅馬公路」即桃園復興鄉的羅浮至新竹關西的馬武督；也有依公路特性命名的，例如「南北縱貫公路」即今「台1線縱貫道」，或如「中部東西向橫貫公路」簡稱「中橫公路」，或如「南迴公路」即高雄至臺東的Ｕ字形公路。

　　1960年代，公路管理開始加入了「編號」，讓整體公路網更為明確，就像公車一樣，如果沒有編號，全靠中文呈現，有時還真讓人一個頭兩個大。根據臺灣公路的設計，凡南北向的縱貫公路，以1、3、5、7等奇數編號；凡東西向的橫貫公路，以2、4、6、8等偶數編號，這是一個通則。臺灣地形南北長、東西短，所以縱貫性公路，如台1線、台3線、台9線、台17線、台19線等，通常都很長，台9線全長四百七十五公里，是臺灣最長的公路。至於東西向公路，除了跨越中央山脈的台8線、台22線路線可達上百公里外，其餘未跨越山脈者，路線普遍較短，而臺灣縣市的轄區多半也是東西向，因此偶數編號的公路，有許多甚至只在同一個縣市內，如桃園縣的台4線、苗栗縣的台6線，臺中市的台12線等。

　　常常聽到許多人討論：國道1號是中山高，又稱為一高，但1980年代常稱的「北二高」，又或者大家所說的二高，卻是國道3號？

　　我聽過很多版本的答案，正確答案其實很簡單，依公路編號的邏輯，第一條縱貫國道，就是國道1號，第二條縱貫國道，因屬南北線，所以編為國道3號。至於桃園機場支線，早年僅有機場系統至桃園機場之間，是國道1號的支線，編號為國道1甲；後來這條路延伸至桃園市區，才將編號改為國道2號，並不是第二條國道才編為國道2號。

　　至於經過雪隧的國道5號，以及北橫公路台7線，感覺上也是東西向，為何編號是奇數？其實這和臺灣地形有關，編號的原則是以起、終點位置來判斷，例如宜蘭實際上在臺北的東南方，所以從臺北到宜蘭的國道被視為南北向，到了宜蘭之後，無疑也

台9線蘇花公路段，中文名稱及數字編號並存，以利辨識。

原本編為國道1甲的機場支線，現改為國道2號。

是南北縱貫整個宜蘭線，因此這條高速公路編為國道5號。

　　拿起地圖來看，國道5號的線形絕大多數是南北向的路線。計畫中的花東高速公路、南橫高速公路都是國道5號的延續線，與省道台9線異曲同工。另外，北橫公路台7線是橫貫公路唯一使用奇數編號的，原因在於北橫通車前已有台7線，早期的台7線是宜蘭至梨山的南北向縱貫路，即今台7線東段加上台7甲線全段。直到桃園至宜蘭的北橫公路開通後，宜蘭段銜接了當年台7線部分路段，編號上便直接將台7線改編為桃園至宜蘭的北橫公路，而原本至梨山的路線改編為台7甲。

台7線北橫公路是橫貫公路唯一使用奇數編號者。

1.9 長幼有序：公路的階級

我們常聽到的「國道」、「省道」、「縣道」、「鄉道」等，其實就是公路的層級。國道目前是高速公路局所管轄的高速公路，而非公路總局所管。國道的標誌是綠框白底黑字的梅花樣式，識別上相當明顯。而且國道擁有自己的警察單位，即國道高速公路警察局，警車塗裝紅色線條，俗稱「紅斑馬」，與一般道路的黑白塗裝警車不同。

「省道」及一部分「縣道」是公路總局的管轄，「省道」對應在公路層級上，屬一級公路，「縣道」則為二級公路。

「省道」一詞原是國民政府在大陸地區所創的名詞，各省的重要道路即是省道，但實際轄區的省道只有臺灣省，所以又稱為「台N線」或「省道

左：早期的省道標誌是圓形的白底黑字黑框，圖為台15線舊線新庄子與鄉道竹3線叉路口留下的舊式路線指示牌。
右：現行公路層級的識別樣式，梅花樣式的是國道，藍色盾牌為普通省道，紅色盾牌為省道快速公路。

　　台N線」，比較少聽到「省道1號」或「省道13線」的說法。公路總局的省道又分為「一般公路」（台1線至台37線）和「快速公路」（台62線至台88線），一般公路的標誌是藍底白字的盾牌形，快速公路則是紅底白字的盾牌形。早期省道的標誌是白色黑邊的圓框設計，後來參考日本國道樣式，才將省道的識別樣式改為盾牌形的藍底白字。

　　至於「縣道」及層級更低的「鄉道」都是白底黑字黑框的長方形樣式，縣道編碼是三位數，從101到205，理論上是縣市政府管轄，但大部分「縣道」仍歸公路總局管理，邏輯上是數字較小在北部，數字較大在南部及東部。在腹地廣闊的嘉南平原各縣市，縣道非常多。最長的縣道為縱貫花蓮的193公路，位於海岸山脈西麓，大致與台9線平行，總長一百一十公里。

　　「鄉道」全由各縣市政府管理，編號是「中文＋數字」，如「竹1線」、「投57線」、「高33線」等，路線皆不長，很多都在十公里以內就結束了。通往司馬庫斯的「竹60線」總長四十六公里，是最長的鄉道。大多數鄉道都在同一縣市境內，少部分會跨縣，編號上就會連結兩個縣市名，如雲林、嘉義的「雲嘉117線」，或臺中、彰化、南投的「中彰投120線」。為了因應五都改制，原臺北縣的縣道變成新北市的縣道，「市」裡面有「縣道」，名不副實，所以未來五都內的縣道將改稱為「市道」，讓名實對應。

縣道及鄉道的標誌都是方框的白底黑字黑框，不同的是，縣道為三位數字的編碼，鄉道則會加上中文字。

太平山公路編號為「宜專1」，屬專用公路的等級。

　　除了國道、省道、縣道、鄉道外，還有一種「專用公路」，是特定機構如風景區、農林漁牧場，乃至於社區、工廠等所申請的專用公路，基本上在公路局核准後，由該機構自行管轄該條公路。編號方式比照鄉道，再於中文之後加上「專」字，如「宜專1」、「竹專1」。目前專用公路以山區的林道、產業道路以及風景區道路居多，且管理方式不一，大部分沒有設立公路常態的路標及路牌，有些不適合一般車輛進入，甚至如「投專7」即為「鳳凰山登山步道」，也屬專用公路的一環。宜蘭縣的太平山公路由太平山森林遊樂區所轄，編為「宜專1」，是比照標準公路設計，且製有路標、里程牌、起終點告示的專用公路。

　　我們不需要死背哪條公路在哪個縣市，但是上路時，即使沒有事先做功課、查地圖，也沒GPS輔助，至少能夠藉由路旁的公路里程牌確定自己的位置。更進一步，就是將公路編號與臺灣地理結合，至少在地理文化的知識層面不落人後，充分增加自己的涵養。

1.10 連結東西部的橫貫道路

　　臺灣地形山多平地少，隔閡東西部的中央山脈，宏大如牆的山勢，颱風時常被它腰斬，發生「分裂過山」的狀況，替臺灣西部擋掉了不少重大災害。但相對的，它造成的交通不便，讓東、西部生活圈也被隔開。以臺中到花蓮為例，直線距離不過一百多公里，在沒有橫貫公路的情況下，得從北海岸或由南迴來繞道，路途長達四百多公里，大概要花六至七個小時。台8線中橫公路通車後，彎彎曲曲的山路在山區裡轉呀繞的，也得花上三個小時才能走得完，但比起繞行臺灣南、北兩頭也省下了不少時間。因此東西向橫貫公路在臺灣有住民的時代就已被「走」了出來，最有名的就是八通關古道，其餘的像合歡、能高等越嶺古道，皆是跨越東西部的人行橫貫路。

　　1960年通車的中橫公路無疑是臺灣公路史的里程碑，開路過程之艱辛，尤其是太魯閣段，鬼斧神工，在立霧溪峽谷的峭壁中敲捶打炸，犧牲了無數開路榮民，成就了今天的便利。其實中橫公路的「路線」在規劃之初就爭論不休，大家都希望公路經過我家，到了花蓮後又有好幾條預備路線，除了立霧溪

八通關古道東段的瓦拉米古道，是早年的人行橫貫道路。

懸掛於山壁之間的台20線南橫公路。

我小時候（抱大象者）與台8線中橫公路稚暉橋拓寬前的合影，當年橫貫公路的路寬多僅容一車通行。

谷外，今台14線一路到東部木瓜溪畔的路廊，也是當年呼聲頗高的選線之一。在中部橫貫公路完工通車後，國民政府對於「開路」的信心大增，又陸續開闢了北部橫貫公路（台7線）以及南部橫貫公路（台20線），一時之間，興建橫貫公路，蔚為風潮。

在1960、1970年代，三條橫貫公路通車讓「人定勝天」變成「人已勝天」。早年難以攻破的中央山脈，竟不知不覺地開鑿出三條橫貫路，政府於

是加碼，想再蓋三條橫貫公路。只是這些新規劃的橫貫公路至今仍沒下文，就連已通車的北、中、南三橫也因為天災而相繼斷線，其中的中橫公路及南橫公路到今天仍無法全線通車。

中橫的德基青山路段在九二一地震時嚴重受損，當時政府改以「休養生息」取代「人定勝天」，讓當地地質穩定至少十年再決定是否續建。可是在多方壓力下，這段斷路不得不提早復建，結果投入了數十億，還沒完工通車，剛修復好的路因地質不穩定，又被颱風豪雨沖到大甲溪谷裡去了，反反

台21線那瑪夏路段，照片中的路景已毀於莫拉克風災。

覆覆上演好幾次同樣的戲碼。我想，大甲溪大概是全臺灣最有錢的河流吧！

　　南橫公路則是在2009年莫拉克風災之後，中斷至今無法通車，整個地形、地貌都變了。

　　北橫公路因為路線短，地質也相對穩定，零星中斷幾次都能恢復通車。1970年代的人定勝天，到了二十一世紀，天卻一步步要了回去，人類仍需與自然取得平衡，才是永續之道，公路建設亦如是。

山區公路每遇風雨之災便柔腸寸斷，圖為台21線新中
橫公路信義路段，被大自然吞噬的明隧道。

1.11 地圖上的虛線：計畫中的公路

公路的建設肇因於「行」的需求，便利了人們的通行。不過，有的時候蓋公路為的卻是一種堅持。比如臺灣本身是一座海島，「環島公路」常常成為一種堅持；有了環島公路後，進階版的「環島高速公路」也曾經被列入公路路網的計畫中。

現在網路科技發達，Google Map已經在不知不覺中取代了紙本地圖。但Google Map只繪製實際存在的公路，計畫中的公路則全然不出現在地圖中。相對的，紙本地圖標出未完成的計畫中公路卻是常態，通常以「虛線」表示。這些地圖上的虛線，有的很快就變成了實線，有的從我小時候就存在，十多個年頭過了，它們仍然是虛線。最有名的虛線莫過於三條「新中橫」，它們是在北橫、中橫、南橫相繼完工後，政府再加碼的三條中部橫貫公路，分別為台14線、台16線和台18線。

其中台14線從彰化經埔里、霧社到屯原（蘆山溫泉）後，再穿越中央山脈能高山區，到了東麓再沿木瓜溪、銅門至吉安。這條路廊即是能高越嶺古道，一直以來都是中橫的熱門「路」選。早期中橫公路選線時，能高段曾列入考慮並實地探勘，而計畫中的中橫高速公路、中橫鐵路，也都曾打算循能高段的路廊直達花蓮。不過能高山區的崩壁地質破碎，要興築一條安全的路

台14線東部路段的計畫路線，目前有臺電修築的保線路，可通至天長隧道口。

並不容易，因此台8線中橫公路放棄了這個路廊，新規劃的台14線至今仍未貫通。雖然公路未貫通，但這段路廊實際上已貫通，主因是臺電為了山區電塔、電線的養護之需，多以天長斷崖的天長隧道為這條路的中途點，隧道以西是無法行車的步道，也是奇萊南華登山的熱門路線；隧道以東則為臺電修築的「保線路」，全線柏油鋪面，路寬約六至八米，一般車輛可由鯉魚潭行

駛至天長隧道口，只是保線路的標準仍未達公路等級的要求，養護單位也歸臺電管轄，因此台14線東段在公路總局的定義中仍屬計畫路線。

　　台16線的西段從名間經集集、地利，沿濁水溪上游來到合流坪，計畫中的路廊是沿丹大林道一路東進，經過七彩湖附近後越過中央山脈，再沿東部的萬榮林道路廊抵達萬榮。目前從林田山工作站至萬榮火車站約2公里的道路為公路總局養護，設有台16線的里程牌及公路硬體設備，至於合流坪至林田山的這一百公里，目前仍以虛線形式繼續存在。

左：台16線西部路段終點合流坪，原本跨越至丹大林道的丹大橋已被大自然回收。
右：台16線東部路段的林田山附近景色。

　　現在有一條「新中橫」公路，但新中橫並沒有「橫貫」之實，就是台18線公路，也就是今天的「阿里山公路」。但它的野心豈只是到阿里山而已，從阿里山東行至塔塔加後，還要繼續沿八通關古道的路廊一路橫貫到花蓮玉里。另外，水里至塔塔加路段（今台21線），也是新中橫計畫的一環。當時的新中橫計畫在西部地區可連接嘉義縣以及南投縣，兩條路線於塔塔加鞍部交會後，再一路向中央山脈挺進至玉里。隨著玉山國家公園的設立以及自然

原本被編為台18線東部路段的已通車路線，現已劃歸為台30線。

生態保育觀念的推動，塔塔加至玉里約九十五公里的公路被無限期擱置，僅闢建了東部的花蓮縣卓溪鄉瓦拉米步道口至玉里市區的十五公里路。所以今天的新中橫只有水里經信義至塔塔加的台21線，以及嘉義經阿里山至塔塔加的台18線。

隨著時代的變遷，台18線要貫通已是不可能的事，它不像台14線一樣還有一絲希望（台14線東段的計畫路線已經有了臺電的保線道路）。所以2007年橫貫海岸山脈的「玉長公路」通車後，台18線東段的瓦拉米步道口至玉里段，整段公路與新闢建的玉長公路合編為台30線，正式擦去了台18線在地圖上的虛線。新的規劃也讓東部原台18線的既成路段完成了「橫貫」的使命，只是橫貫的對象從中央山脈換成了海岸山脈。

除了台14線、台16線和台18線三條壯志未酬的橫貫公路外，臺灣的南、北端各有一條虛線的東西向橫貫省道：新店經烏來至宜蘭的台9甲公路，以及屏東至臺東知本的台24線公路。這兩條公路共同的特點是曾經全線通車，但那已是日治時期的事了，且路面標準非常低，與現今對「公路」要求有很

大的差距，通車沒多久又中斷了，今天大部分的路廊已回歸山林。台9甲預計行經福山植物園，台24線會通過大武山自然保留區，兩者都有生態上的衝突，2011年台24線的橫貫計畫正式解除，僅存現有的屏東至霧台阿禮的四十八公里；台9甲的虛線仍然存在，但也沒有必要將它連接了。

高速公路方面，臺灣政府原本有意打造一條環島高速公路，外加一條橫貫東西部的中橫高速公路。環島高速公路即今國道5號，北橫段即雪山隧道，到了宜蘭之後，接上蘇花高速公路，到了花蓮則沿花東縱谷闢建花東高速公路，再從臺東往西穿越中央山脈至潮州與現有的台88線相交。蘇花高已被蘇花改取代，往後大概也不太可能變成高速公路了，更別談後續的花東高、南橫高。至於另一條偉大的虛線中橫高速公路，即今國道6號，計畫中將從現在的終點埔里進入霧社，再行經廬山後，以十五公里長的「能高隧道」橫貫中央山脈。雪山隧道十三公里蓋了十五年，且面臨了地質破碎和湧泉等極端的挑戰，犧牲了二十五條工程人員的生命。傳說中的「能高隧道」不但路線更長，地質環境更無法確定，且將穿越廬山地熱區，山裡的溫度可能高達百度，如何在其中施工是個麻煩，更別說隧道上方還有超過二千多公尺的覆岩，來自頂上的地壓遠比雪隧要大，日本鍋立山隧道就因地壓問題讓原本向前行的鑽掘機器倒退嚕，導致一名工人喪生。中橫隧道的開鑿大概就像穿越地心一樣，就科技而言是可行的，但相對要投入鉅額資金和人力，對國家財政會是個無底洞。在雪山隧道開通之前，中橫高速公路似乎是件很容易的事，當年甚至提出工期十年的目標。可是看著雪山隧道所面臨的困難重重，甚至一度打算放棄不挖了，此後臺灣人才知道挖隧道並不是模擬城市，現在也甚少人提及中橫高的事了。

其實山區的公路開發，早年常是直接在山林之間以水泥、鋼筋強力開出一條路，完工之時的風光，成就了人類克服自然障礙的成果。但是當年寫下

的開路先鋒，萬萬沒想到在二十一世紀的今天，大地卻以它的力量將原本屬於自然的全要了回去。第一條東西部橫貫公路台8線，自從九二一地震之後中斷，再也沒有全線通車過。雖然仍有若干的修復工程，但往往修復沒多久，又被大水、土石給帶走了，數十億的錢全流進了大甲溪，可是復建的聲音從沒停過，看看前車之鑑，難道我們還要再向大甲溪丟錢嗎？如果十二項建設中的台14線、台16線、台18線三條橫貫公路全都通車了，在面臨氣候劇變的現在，大概也難以全身而退。

　　臺灣的虛線公路除了文中所述的橫貫公路外，還有備受爭議的台26線，同樣也面臨生態與建設間的抉擇。當然，生活總得要繼續過下去，交通也總是需要順暢，但公路建設仍需和自然生態取得平衡點，從「人定勝天」改為「天人平衡」，需求不大的地方，維持小路即可；現有既成的公路就讓它更好，比如鋪面的改善、硬體的改善等維護，例如怎麼樣讓我們的馬路更好走，讓我們的柏油路面品質能比美先進國家；至於開發或拓寬新的公路，是暫緩時候了。

國道5號蘇澳交流道預留的蘇花高銜接口。

1.12 紅燈停，綠燈行：平面快速公路

就大家的認知而言，「公路」大致分成「高速公路、快速公路」及「普通公路」二種。「高快速公路」全線沒有紅綠燈，速限至少90km／h，有的還可以行駛重型機車。因為沒有紅綠燈，平均行車速度較快，也少了紅燈怠速、綠燈起步的燃油耗損，對於車輛的平均油耗也低。至於普通公路就是一般道路的形態，行車速限以70km／h為主。

平面快速公路的平交路口需停等紅綠燈，運氣差的話每個路口都要停一次，也蘊藏了潛在的危機。圖為台61線新竹美山段。

　　除此之外，還有介於兩者之間的公路，即是設置平交路口，以紅綠燈管控的「平面快速公路」。平面快速公路最先出現在台61線新竹香山至苗栗後龍之間，也是台61線最先通車的路段，後續所建的台61線大安大甲及彰濱路段，以及台66線的西段、國道4號東段尾端，也有平交路口的設計。高快速公路的平交路口，紅綠燈的數量比普通省道要少一點，不過也有密集頻繁的路段，紅綠燈的連鎖機制故障時，還會造成每個路口都要停等紅綠燈的慘劇，搞得快速公路一點都不快。

　　為了安全考量，凡有設置紅綠燈的快速公路，行車最高速限多落在80km／h，略高於一般公路的70km／h。最早興建的台61線平面路段，為了讓紅綠燈位置落在快車道中間，因此多將紅綠燈吊掛於Y字形的懸臂桿，且紅綠燈箱為直立式，濃濃的美式風格有別於一般道路的橫置式。但台61線緊

台61線剛通車時，吊掛於Y字形的懸臂桿上的直立式紅綠燈，具有濃濃的美式風格。

鄰海邊，冬天的海風時常讓這些懸吊的直立式紅綠燈在風中搖曳；而慢車道的燈號除了紅燈、黃燈外，綠燈分為左轉、直行及右轉三個燈號，形成一條五顆眼睛直立的長龍紅綠燈，煞是壯觀，但也常常被超載的車輛撞歪。後來這些直立式紅綠燈陸續換成Ｔ型懸臂的橫置式燈號，便與普通道路無異了。

對於「平交路口」的定義，在台61線設計之初，其實是依「交流道」的概念規劃，即便是平交路口，凡左右轉的車輛，一律得先由指定匝道匯出至慢車道，再從慢車道左右轉。快車道本身禁止左右轉，以保持快車道的直行路權。相對的，要駛入平面快速公路前，也得先轉入慢車道，再由指定匝道匯入快車道，就是交流道的概念，只是這交流道是平面式，而交叉路口禁止左右轉。這

台66線的平交路口將左轉停等車道設置於快車道上，
亦有明確的指標，紅綠燈則設置於門桁架上。

樣的設計讓很多用路人無法適應，尤其是左轉車輛，至今仍常見許多車輛直接在快車道強行左轉，相當危險。因此，興建時程較台61線晚的台66線，取消了快車道左轉的設計，直接在快車道規劃左轉車道，比較接近民情。但有些左轉車道長度不足，車多時容易影響主線車潮，是其缺點。

　　臺灣第一條平面快速公路還有一項貼心的設計。為了讓快車道保持比較久的綠燈狀態，避免連續停等紅燈，所以與其相交的平面道路，以及慢車道的左轉待轉區，設有「感應線圈」。感應線圈架設於空中，地下有一個相對應的「Ｓ」符號，駕駛人等紅燈或待轉時須停入「Ｓ」符號的區域；行人方面則設有過馬路專用的按鈕。一旦有車輛進入感應線圈，或有行人按下按鈕時，主線的綠燈很快會變成紅燈，讓平交路口的人車通過。畢竟這些平面道路人車稀少，藉由這項機制可以妥善運用資源。只是感應線圈以及人行按鈕似乎不怎麼靈光，故障率高，後來這些設備全拆了，紅綠燈回歸秒數計時的機制。因此常常出現快車道一堆車輛連續停等紅燈，但綠燈的一方卻沒半輛車通過路口，而這些小路口為了安全，又不像普通公路直接設計閃黃／紅燈，每個大小路口的紅綠燈都是二十四小時運作，導致用路人怨聲載道。

　　當初為何要設計平面快速公路？第一條問世的路段是台61線香山後龍路段，1995年起陸續通車至白沙屯，以作為國道1號中部路段的替代道路（當年國道3號尚未興建）。其中台61線的香山路段緊鄰海岸線，人煙稀少，路線多從聚落外圍通過，對當地交通的干擾較低，應是具有實驗性質的新嘗試。畢竟，它的造價會比全線高架或土堤式快速公路來得便宜，如果用路人皆能守法，其實是安全的。但理論與實務常常互相衝突，大大小小的事故奪走不少人命，通車之後死傷車禍頻傳，導致它被冠上危險公路的名號。因此台61線後續路段又回歸到以高架為主，卻遭到當地居民的抗爭，認為高架橋猶如一道長牆，不利地方的發展。所以台61線的大安大甲、彰濱路段，以及

台66線的觀音到平鎮系統，只好從原本的高架公路變更設計為平面快速公路，卻在通車之後上演和香山後龍路段一樣頭痛的問題。於是居民又起而抗議，要求將公路改為高架，這出爾反爾之間所浪費的龐大經費，卻全由全國納稅人買單。

在國外地廣人稀的地方，平面快速公路是很常見的，相對的風險成本比較高。臺灣大多數的地方都有縱橫的道路，就算是鄉間地區也有為數不少的農路，也造就許多平交路口，台61線大安大甲段密集的平交路口就是一例。在本書出版之際，台61線彰濱段高架化已經完工，台61線大安大甲段以及台66線觀音至平鎮路段還在改建中，至於香山竹南路段，到目前為止還沒有改建的消息。

原本該是高架通過的台61線大安大甲路段，被變更為平面式，現在又開始興建高架橋。

1.13 蜿蜒在山裡的高快速公路

　　臺灣是個地狹人稠的島嶼，再加上各族群的生活方式不一，不管是面積有限的平原、臺地，或是行路不易的丘陵、山區，都有許多聚落分布著。如果是一般平地，「行」的方面大概不算是什麼障礙，但若深入了丘陵、山區，就無法像平地一樣到處亂走了。寶貴的聯外道路常因天候因素被迫中斷，如果遇到聚落內有重症病患，在天氣允許的條件下，還可以利用直升機救援。對於近郊丘陵的聚落而言，公路還不至於常常中斷，但每每出門都得在蜿蜒的山路開上好一陣子，花費的時間和體力都是負荷；因此，一條順暢好行的高快速公路，不但可拉近山區和平地的時間成本，無形的觀光、醫療等社會成本，也有所助益。

　　在設計第二條南北向縱貫的高速公路（國道3號）時，也同時設計了十七條東西向的高快速公路。這些高快速公路串聯了臺灣城鄉生活圈。在平原地區，高快速公路的建設沒有太多困難，但是靠近東段的山區時，往往就得考量地形的阻礙了。其中國道5號石碇至頭城、國道6號草屯至埔里，以及台62線全段、台72線公館至汶水，都是典型的山中高快速公路。國道3號、國道10號全線也幾乎是走在丘陵地

全線皆位於山區的台62線快速公路。

國道6號多次跨越烏溪，並以高架橋跨越地形的障礙。

區的山區高速公路。

　　山區蓋路不易，蓋一條高快速公路的條件更嚴苛。臺灣公路分為許多等級、省道、縣道、鄉道、高速公路、快速公路等，每種等級都有各自不同的要求，未達要求就無法名正言順。而在臺灣高快速公路至少需要雙向四線道，行車時速至少80km／h，坡度也有嚴格的限制，既寬且直是基本的要求。而山區公路難免彎繞，而且用地空間有限，這些都是山區高快速路的挑戰。

　　綜合上述條件，最有利於蓋公路的山區大多是河流溪谷，而河谷地一直以來也都是人類在山區移動的最佳路廊，人類古代文明的發展動線也多和河谷有關。就普通公路而言，大多是沿著河谷旁的山腰鑿路而行，公路的線形勢必要遷就於山勢；高快速公路無法遷就山勢，大部分是直接在河床、河灘地落橋墩，沿著河谷架設高架橋，形成一條與河流平行的高架橋。如果河谷

地形仍有障礙，便直接開鑿隧道，如國道5號之於景美溪，國道6號之於大肚溪（烏溪），台72線之於後龍溪。即便是普通省道，為了安全因素也會導入這樣的工法，最有名的例子即台21線水里至信義路段，為了避開風險，於是沿著陳有蘭溪畔築高橋而行。這些被高快速公路經過的河谷溪畔地，就會出現如長龍一般蜿蜒的高架橋。為了路面坡度的平整性，橋墩就特別的高，在「愈蓋愈高的高架橋」單元中已有詳細說明。車行在高架橋上通常不會有特別的感覺，但若換個視野，走到橋下抬頭看，或在其他地方展望遠觀，常會令人驚嘆工程的宏偉。當然，若以生態的觀點來看，水泥巨獸是常見的名詞，觀點不同，結論就會大不同。但有時兩者也不得不妥協，為了山區居民行的順暢，我們只能在眾多河谷山區中選擇一條路廊來蓋路，畢竟任何偉大或渺小的工程，都會侵犯到山河大地。只要不是毫無止境地開發，有限度的工程其實是不得不的。

臺灣第二長的公路隧道：台76線八卦山隧道。

　　如果離開了河谷地，公路勢必會與山地強碰，最常見的兩個方式，一是挖地塹，二是鑿隧道。隨著工程技術的進步，為了減少公路在山區盤繞的里程，隧道是最有效的辦法，現在許多公路隧道愈蓋愈長，國道5號雪山隧道十二點九公里是

地塹式路段的國道3號西湖路段，圖中跨越地塹的拱橋曾被票選為高快速公路八景。

臺灣第一，其次是台76線八卦山隧道五公里長。而長隧道的行車風險高，所以政府也一再宣導長隧道的注意事項，執法也特別嚴格。

　　至於地塹路段則是在山區挖一條下凹式公路，當我們在高速公路上時，如果路的兩側盡是山坡地，很明顯的就是地塹路段，這在國道3號很常見。2010年國道3號基隆七堵段的走山事件，就是地塹段的山坡突然滑落，帶走了七條人命。

　　山區的高快速公路已盡量減少彎道，若不得已必須設計比較急的彎道，仍以行車安全為優先考量，例如國道6號雙冬段，急彎路段的內、外側路肩會加寬路幅，讓意外發生時有更多應變空間。

國道6號於山區蜒蜒的路段，內外路肩均加寬，以利緊急時應變。

　　綜上所述，凡是行經山區的高快速公路，它的橋梁、隧道的數量一定多，公路全線幾乎是橋梁和隧道組成，過了橋梁就是隧道，出了隧道又是高架橋，國道5號南港至坪林之間最為明顯，計有四十座高架橋及五座隧道，公路風情與早年興建的國道1號中山高截然不同。在現階段公路路網成形的條件下，未來臺灣要在山區裡蓋高快速公路的機會已減少許多。

1.14 公路機場，戰備跑道

　　我們的交通生活中，汽車有汽車的路，火車有火車的鐵軌，行人有專屬的人行道，「各行其道」是交通的通則。至於飛機，雖然在空中飛，但是到了地面上，仍然需要專用道路，最重要的就是肩負起降任務的「飛機跑道」。而國道高速公路其實藏著幾條飛機跑道，非緊急情況下，它是普通的高速公路；在戰事的非常時期，這些隱藏的跑道即可變身為臨時的機場。

　　養兵千日，用在一時，早年國共對峙的情況下，軍事武力是國家政策的一大重點。對於空軍而言，從南到北分布著許多專用的軍機場，在戰爭的情況下，機場常是敵軍轟炸的標的物之一，沒了機場，飛機即使再多、再精

從原本雙線直接改為三線的國道1號麻豆戰備跑道。

良，也無用武之地。為了以防萬一，1971年興建國道1號中山高速公路時，也塞了幾條「飛機跑道」在高速公路中，它們正式名稱為「戰備跑道」，顧名思義即為了戰爭之需的備用跑道。

　　高速公路戰備跑道的路段，規格比照飛機跑道辦理，直線長度至少二點四公里，路寬至少四十五米，相較之下，早年中山高的標準路寬僅二十米的雙向四線道，若遇到這些「隱形機場」時，路面往往突然增寬，內外側的路

曾是中壢戰備跑道的路段，現已改建為五楊高架橋中壢轉接道。

國道1號花壇戰備跑道。

肩變得特別寬大，特別引人注目。後來中山高全面拓寬為雙向三線車道時，戰備跑道路段根本無需拓建，直接在寬大路肩再劃設一車道就大功告成了。

　　為了讓飛機平安起降，飛機跑道絕非等閒之輩，它的硬體規範非常嚴格，跑道上嚴禁任何散落物，任何沙石都可能對起降中的飛機造成影響。因此飛機起降前，例行性巡視跑道是普通的任務。但高速公路上，隨時都會有散落物，更別說是飛沙走石，所以戰備跑道雖然美其名曰隨時可以起降，實際上要執行飛機起降任務時，仍需要稍微整理，包括移除中央分隔設備、柏油重鋪、標線重繪等。

　　目前戰備跑道大多集中在國道1號中山高，計有中壢、花壇、民雄、麻豆、仁德等五處，除了中壢之外，其餘四處都在嘉南平原，充分利用地形的特性。中壢戰備道因為拓建以及興建交流道的因素，已經廢除，其餘戰備跑道原本是不設交流道的，但隨著交通的需求，花壇戰備道南已有台76線的員林系統，民雄戰備道已增開民雄交流道，仁德戰備道北邊也增開了仁德系統交流道。至於國道3號、國道5號，全線已沒有戰備道的設計。倒是目前仍在研究階段的花東高快速公路，國防部表達了希望增設戰備跑道的構想，或許未來花東地區將會出現戰備跑道。

　　除了國道外，還有一條戰備道不在高速公路上，它是省道台1線的佳冬戰備道，也是目前唯一不在國道上的戰備跑道。因為屬普通公路，所以佳冬戰備道還與周邊道路連結，四周多是田野，隱藏性比國道戰備道還要高。下回開車經過這些寬大的馬路時，請試著想像飛機在這邊起降的畫面。

1.15 謝幕的收費站

收費站是一個令人心情不好的地方，因為想路過就得先繳錢。提到收費站，第一個想到的是高速公路上的大柵欄。在電子收費以前，遇到收費站時，還要想辦法找出回數票或現金，晚上開車如果沒有先準備好，在車內昏暗的情況下，過站前免不了一陣慌亂。其實過去的重要橋梁也有設置收費站，省縣道等公路則不設收費站。台8線的太魯閣、台14線的霧社，台21線的日月潭以及還在運作的台26線佳樂水收費站，則是地方政府依風景區管理規則收費，並非公路總局所設立，費用也並不是來養護公路，與國道收費站的性質不同。

北臺第一站的國道1號泰山收費站，平頂白色建築是國道1號所有收費站的共同樣式。

全臺灣最大的收費站，非新北市的泰山收費站莫屬。向來有北部第一站之稱的泰山收費站，每當中南部遊覽車北上時，導遊都會特別介紹它。雙向二十座收費車道的泰山收費站，龍頭風采後來被國道3號樹林收費站雙向二十二個收費車站給取代，

但論車流量、營收而言，泰山收費站仍穩坐冠軍寶座。就國道1號中山高而言，所有的收費站建築外觀清一色相同，均是平頂的白色建築，建築物的白色柱子剛好對應著每一個收費車道，遠看就像是個大柵欄。除了泰山收費站之外，其餘收費站大多設置雙向十個收費車道為主。

　　國道3號的收費站就比較有特色了。國道1號建設時，全臺灣的建築風潮大

具鎮瀾宮意象的國道3號大甲收費站，目前中間二車道的收票亭被保留下來。

多以「實用」為主，以節省
不必要的浪費。國道3號建
設時，正處於臺灣經濟起飛
時，很多公共建築開始講
究美學與創意，初期大多融
入古典中國風的建築樣式，
臺北捷運淡水線是個鮮明
的例子，而在北二高時期
啟用的樹林、龍潭兩座收費
站，則以國道1號白柵欄設
計為基調，再加上紅瓦的斜
頂，也是中國風建築的典
型。到了國道3號中南部路
段的時期，每座收費站都展
現了不同的創意，每一個站
體都不一樣，如果是南來北
往的長途用路人，一定會期
待下一座收費站的外觀。比
較有特色的如七堵收費站，
站體設計以「三角形」為元
素，車道支柱為「人」字形
的三角斜向支撐，屋頂也是
一個「人」字形，收費票亭
也設計成三角形，像是一個

屋頂設八個半圓弧造型閣樓窗的名間收費站，目
前全數被拆除。

國道3號南部的古坑、白河、田寮，不約而同在
屋頂設計了許多金字塔形的三角錐塔。圖為國道
最南端的竹田收費站。

個御飯糰。位於苗栗的後龍收費站融入斗拱及龍雲風格，收費站名以匾額式書
寫其上。臺中的大甲收費站則是鎮瀾宮意象的紅磚建築，可說是全臺收費站最
「紅」的一座。南投的名間收費站屋頂設八個半圓弧造形的閣樓窗，窗內設計
有黃色的窗框，黑瓦閣樓窗的造形相當可愛。善化收費站的古典長亭建築，紅
白相間的硬山屋頂，設計了重檐的效果。古坑、白河、田寮等收費站，不約而同
在屋頂設計了許多金字塔形的三角錐塔。最南端的竹田收費站則使用連續三
角鋸齒造形的屋頂，和八〇年代政府機關及學校建築的屋頂樣式很相似。比較
可惜的是，除了龍潭、樹林外，國道3號其餘收費站啟用至多不超過十四年，這
些創意全部被拆除了，只有大甲、田寮兩處收費站保留部分的站體，以供後人
緬懷。

為了行車安全，停止收費的第一天，所有收費站都被拆除了，僅泰安、大甲、田寮的票
亭部分保留。圖為拆除乾淨的名間收費站路段。

　　但是收費站未能完全發揮公平的效果，有些路段很快就遇到收費站，有些路段怎麼遇也遇不到，例如大甲交流道一路到南投七十六公里均無收費站。而位於國道末端的七堵、汐止、竹田等收費站，每年都有抗議喊拆的聲音，臺南市境的兩條縱向國道各有二座收費站，總計四座收費站，也是每年喊拆。相較之下的新竹、嘉義縣市，卻沒有半座收費站。其實收費站的站點考量乃是依生活圈而定，不一定按縣市別來劃設，例如新竹、竹南列為同一生活圈，嘉義與新營也列入同一生活圈，比較符合大多數用路人的需求，讓相同生活圈的用路人能享受免收通行費的方便，然而我們也不能無視那些特殊通勤距離而被多收費的用路人。政府一直以來也在計畫實施里程計費，原本打算在每個匝道蓋收費亭，於是有了月眉、礁溪、宜蘭、羅東、蘇澳等設置在匝道上的收費站，其中礁溪、宜蘭、羅東三座收費站還為了因應南下、北上不同的匝道，在許多位置都設有收票亭。匝道收費的計畫未果，又決定全面實施電子收費，不再使用人工收費，因此所有的收費站在2013年12月30日這天開始，第一時間進行拆除工程，以防止因停止收費的站體造成行車危險。

　　早年高速公路收費站的收票員清一色是年輕小姐，職業印象與當年的臺鐵對號列車的小姐、國光號的車掌可為之相比。但收費工作之辛苦，得長年與廢氣搏鬥，被亂丟回數票、零錢逃票的車輛欺負，都是一般人不知道的甘苦。隨著收費站的拆除，國道收費員這個職業、進站前尋找回數票的緊張，以及進出收費站時，對乘客有如鬧鐘般擾人清夢效果的顛簸，還有設置在寬敞公路上的巨大柵欄，都成了歷史記憶。

Chapter 2

公路絕景

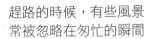

趕路的時候，有些風景
常被忽略在匆忙的瞬間

2.1 公路花語

　　近年來，賞花成為臺灣人春天季節的一大盛事，尤其是近年崛起的武陵農場櫻花，讓以往幾乎不塞車的台7甲線公路出現大排長龍的車陣，宛如山路停車場。不過，開車途經一些公路時，不必下車就能坐擁美麗的夾道花景，這些景致大部分是來自行道樹。每當到了開花季節，就能看見成片的花海，若時間允許的話，不妨下車感受一下氣氛；或者邊開車邊享受這愉悅的視野（當然，專心注意路況仍是大前提），也能讓乏味的駕車時光帶來會心的微笑。

■ 木棉花道

　　木棉是臺灣常見的喬木，許多校園、公園及政府機關的廣場中，都常見成排的木棉樹。每年大約在三月是木棉花盛開的時節，橘紅色的火紅花海，加上碩大的花形，以及高人一等的挺拔樹形，相較於櫻花的羞澀、羊蹄甲的粉妝，木棉花海總讓人有股不拘小節的豪壯情感，所以木棉樹又稱為英雄樹。而部分公路旁，也常以木棉作為行道樹，尤以中部地區居多，例如，國道4號清水至神岡的沿途，春天就常是一片橘紅印象，台12線（臺灣大道，原臺中港路）的交流道段，也可見到成群的木棉樹。但木棉花的花形大，深褐色的花托硬，掉落時容易砸傷人車，路面上的花托也容易形成如小石子般的障礙物，因此木棉樹被列為爭議性樹種。為了行車安全，部分路段的木棉樹已被移植他處。

　　國道1號中山高從臺中至嘉義，路邊偶見零星的木棉，平日開車經過時，可能察覺不到它們的存在，當橘紅花海綻放時，每每帶來一點小驚奇，尤其是北斗交流道沿線，在國道的兩旁及交流道下的平面道路種滿了木棉。不論是南下或北上，進入北斗交流道的路段，夾道的誇張橘紅讓前方道路如

同圍著熊熊烈火的大道。

縣道145線在雲林縣西螺至虎尾路段常出現筆直的路段，這些筆直路段中，植有大量的木棉樹，有的只種在單側，有的種在路的兩側，花開時便形成夾道的橘色隧道景觀，甚至還有種三排的路段，讓木棉花海的視覺看起來更為茂密。

彰化埤頭鄉也有一條木棉花道，位於和豐村舊濁水溪旁的沿河農路上。我某次經由中山高南下時，在員林收費站北瞄到路旁有一條茂盛的木棉道，一陣驚喜之下，趕緊下北斗交流道尋訪，果然在縣道150斗苑路的一處路

縣道145西螺至虎尾路段的木棉花道。

國道1號北斗交流道路段的
木棉花道。

口，發現紐澤西護欄用藍漆寫「埤頭鄉木棉道」的指示。這條木棉花道雖不在公路旁，但路幅小的農路兩旁對映著高大的橘紅花海，卻更能映襯出木棉豪氣萬千的特質。

　　除了彰化、雲林外，臺南白河的林初埤也是著名的木棉花道，而且規劃有單車道，可以悠閒地在木棉花海下漫遊。其他地方應該還有更多木棉花道，也許就在你我生活圈不經意的道路旁出現，有機會不妨注意看看。

▋羊蹄甲道

　　羊蹄甲是臺灣花圃中常見的樹種，長得並不高，低調地生活在角落，直到每年三、四月間，陸續綻放出粉紅色的美麗花朵，盛開時只見一片紅粉，而且花期相當長，吸睛程度不亞於櫻花，所以又稱為印度櫻花、南洋櫻花。

　　臺灣的羊蹄甲大多散見於花圃周邊，公園內可能僅有一、兩株，加上樹

鄉道雲101線，雲林土庫鎮馬光國中旁的羊蹄甲道。

國道1號銅鑼至三義邊坡盛開的羊蹄甲美景。

形不若櫻花樹美麗，民眾往往習以為常，而忽略了它們的存在。徐志摩的名言「數大便是美」，偶爾一棵盛開或許不會特別引起注意，若把許多羊蹄甲集結在一區，成群地開花綻放時，大家才開始注意到美若櫻花的花海，竟是從小常見的羊蹄甲。

　　一般而言，羊蹄甲不會被刻意種植在馬路兩旁當作行道樹，大多見於公園內，例如，臺南公園裡的羊蹄甲林。但仍有幾條公路可以看見美麗的羊蹄甲夾道，最著名的即是雲林土庫鎮馬光國中旁的鄉道「雲101」線（和平街），長達二公里的路段，在春分時節開滿了紅粉的羊蹄甲花朵，路面也盡是紅粉的落英，贏得了「羊蹄甲大道」的美名。

　　國道1號中山高速公路銅鑼至三義之間的邊坡也有羊蹄甲相伴，不過僅限南下線。中山高的銅鑼至三義路段，因為地形關係，北上車道的高度比南下車道還要高，彼此之間產生了落差的邊坡。剛好這段邊坡種滿了羊蹄甲，對於南下的車輛而言，每當羊蹄甲盛開的季節，就是一幅美麗的國道花語。

　　省道台1線的彰化永靖路段，原本也有種植許多羊蹄甲，卻被鄉公所以樹形不美為由，全部移植到公墓內，原地改種八重櫻，結果八重櫻水土不服，相繼枯死。原本美麗的公路花語，卻因為盲目地瘋櫻花，毀了這一段美麗的羊蹄甲大道，令人痛心與惋惜。

■ 山櫻花道

　　山櫻花又稱緋寒櫻，是臺灣五百公尺以上山區常見的樹種，它的花不像吉野櫻開得那麼濃密，卻有著相當濃烈的色彩。紫紅的色彩在深褐的樹枝上隨興點綴，是臺灣高山公路的最佳代言人；每年一至二月的山區公路，幾乎隨處可見山櫻花的蹤影。如果要去合歡山賞雪，途經台14線公路埔里至霧社段，以及台14甲霧社至清境時，應該對山櫻花不陌生，不論是路邊、髮夾彎的內角、有人居住的地方，山櫻花一路相伴著每個旅人。所以《賽德克‧巴

萊》電影拍片的場景中也安排了幾株山櫻花，因為在更深山的公路中，每當
看到山櫻花時，即表示又抵達了一個部落，不知不覺，山櫻花也成了人居之
處的象徵。

　　大部分的山櫻花多是一到四、五株不等，散見於青翠的山巒裡，紫紅的
身影相當明顯。由於山櫻花不會連續種植，但在公路數十公里的沿途卻經常
出現，有時期待下一個轉彎會遇見，它卻不來；有時又在不經意的時刻出現
好幾株，對於公路的旅人欲擒故縱。

台14線沿途常見的山櫻花。

縣道120線橫山路段的山櫻花與火車。

　　臺灣雖然無法像日本一樣常態栽種大量的吉野櫻，卻很適合山櫻花的生長。近年來，許多平地的透天厝也開始在院子裡種植山櫻花，或將山櫻花嫁接八重櫻、嫁接河津櫻，並大面積栽種而形成櫻花林（前者如九族文化村，後者如新竹麗池公園），在在都說明了臺灣與山櫻花密不可分的關係。

■ 黃花風鈴木道

　　春天是個百花齊放的季節，平地的公路中，首發的花語大概是二月底、三月初登場，多由黃花風鈴木打頭陣，接著才是木棉花、羊蹄甲、阿勃樂、鳳凰花等依序演出。黃花風鈴木一如其名，花朵是帶著純亮的鮮黃色，盛開時整棵樹盡是黃澄澄的色彩，相當亮眼。

　　臺灣的公路中，以黃花風鈴木為行道樹的並不多，大部分的黃花風鈴木見於公園、學校圍牆周邊，以及高速公路休息站內，是綠美化常見的景觀樹種。彰化縣溪州鄉的省道台1線，有一段長約三公里的路段，路的兩旁種滿了黃花風鈴木，讓這段路被冠上了「黃金省道」的雅號。站在僑義國小旁的天橋上，還享有視野一級棒的黃金省道俯瞰景觀；而黃金省道同時有高鐵行經，隨時都可拍到高鐵與黃花風鈴木的合影。

　　同樣也是在彰化縣芬園鄉的省道台14

台1線溪州路段的黃花風鈴木道。

丁也有黃花風鈴木，它不像溪州黃金省道那麼密集，但因為這段公路的路幅小，僅雙向二線道，反而更有緊密的感覺。另外在非公路的道路系統方面，臺中市太平區的太順路，以及臺南市的林森路、東豐路也種有大量的黃花風鈴木，賞花的人潮和違停車輛甚至妨礙了交通。

黃花風鈴木盛開時的迷人模樣，樹上是一叢又一叢的鮮黃，樹下是滿地的黃花堆積，有些落花鋪在樹下的汽車、護欄、椅子上，如同黃色的花雪一般。只是黃花風鈴木的花期短，大概一到二星期就結束了，如要欣賞早春的黃金道，只得盡可能地把握先機。

■ 阿勃勒道

阿勃勒是全臺灣都市裡常見的黃金樹，它的花形相當特殊，黃色的花瓣一片片集結垂掛，遠看像是一串黃色的葡萄。和黃花風鈴木相較，阿勃勒盛開的時候雖然也是一片鮮黃，但通常會夾雜著青綠的樹葉，稀釋了鮮黃的色調，遠觀時變成黃中帶綠的黃綠色，卻一點都不影響串串黃花的可愛模樣，就像下著黃色的花雨般，所以阿勃勒的花海常被喚為「黃金雨」。

阿勃勒通常盛開於六月，以阿勃勒為行道樹種的，最有名的即苗栗公館的台6線十七至十九公里處。當見到路旁的樹上掛有一串串的黃花時，就是阿勃勒開花的季節。只是阿勃勒不像熱門的花種會將整棵樹給染黃，公館段的阿勃勒因北部山區氣候的因素，不常有像中南部爆炸似的花況，但對於北部的公路花語而言，夾道的阿勃勒景觀已相當少見，因此讓台6線公館路段

竹北市勝利八街的阿勃勒大道。

成為觀賞阿勃勒的一大勝地。

臺南市白河區的夏天除了可以賞蓮外，詔安厝的阿勃勒也值得一遊。它位於白河的鄉道「嘉南137」線，而這條公路本身的路幅僅約八米寬左右，兩旁的阿勃勒夾道成林，形成黃金雨隧道的美景。找個良好的視角，還能拍下蓮花與阿勃勒的合影。

除了台6線和嘉南137線，其他的道路、河岸旁，也常見阿勃勒花海，從北到南每個縣市都找得到，或許就在每天通勤路上的某個角落，有興趣的讀者不妨多留意，也許會有意外的驚喜。

2.2 綠色隧道

　　以前，臺灣的公路旁大多會種滿行道樹，樹與樹之間的間距相當小，成排密集的行道樹成為早期公路的印記。日本時代留下來的古地圖中，有一種特殊的圖例，稱之為「並樹」。「並」的本義通常有二者以上的意思，「並樹」即指有二排行道樹種植在路邊的路段。對比現代的公路，日本時代的路幅大多不寬，維持著約雙向道的六至八米寬度。當兩旁的行道樹長大，枝椏開始盡情伸展時，被馬路分隔兩排的綠蔭，彼此逐漸互相靠攏，最終融為一體，放眼望去就像是綠葉構築的隧道般，所以這些兩旁種有行道樹的公路，被稱為「綠色隧道」。

　　日本時代之所以會將公路種滿行道樹，原因之一乃出自於戰備之需。由於臺灣早年的平地仍有許多樹林野地，部分具有戰備需求的公路，便會利用行道樹將公路隱藏起來，偽裝成樹林。如果從空中俯瞰，只會見到一片綠樹林，而看不見樹林下綠色隧道裡的公路。

　　對早年的人而言，綠色隧道並不稀奇，隨處可見。隨著土地開發和城鎮、都市發展，路旁的樹漸漸消失；又隨著車輛用路的需求，公路開始無止境地拓寬，首當其衝的也是行道樹。即使現代許多寬大的馬路也種有行道樹，但因為路幅遼闊，加上種植密度不像過去那麼密集，為了行車安全，枝椏定期修剪，不太容易形成綠色隧道的景觀。碩果僅存的幾條綠色隧道，便顯彌足珍貴。

　　位於縣道152線的集集綠色隧道，是臺灣第一條被冠上「綠色隧道」的公路。縣道152即當年台16線公路的舊線，是集集、水里乃至於整個信義鄉山區的重要聯外幹道。集集綠色隧道的樹種為樟樹，樹形較高，顏色略深的樹枝顯眼地在清澈的綠葉間構築出隧道的支架，穿透葉隙灑落下來的陽光，

左：縣道152的集集綠色隧道是臺灣第一條被冠上「綠色隧道」的公路。
右：縣道152的二水至名間路段也有樟樹組成的綠色隧道。

融合了翠綠色彩，猶如一座挑高空間的明亮隧道，行駛其間不會有絲毫壓迫感。除了公路外，集集線鐵路也沿著綠色隧道而行，火車、公路、鐵軌、路人，交織成一曲柔美的樂章，恣意地在綠色空間中譜出大自然的交響樂。但縣道152除了著名的集集綠色隧道外，從二水到名間這段路，在半山地區彎繞的路段也具有綠色隧道的風采，同樣是樟樹構成的天然頂棚，少了集集的人車喧囂，名間段的縣道152多的是一份寧靜感。

雲林縣的古坑地區也保有許多條綠色隧道。這裡的綠隧包括台3線舊線、縣道158甲、縣道158乙，三條路線剛好形成一個三角形，若是騎乘自行車可以規劃一趟三角環線，徜徉這三條綠色隧道。

有別於集集綠隧的樟樹，古坑綠色隧道以芒果樹為主，樹形較矮，加上路面窄小，僅約六米，讓古坑綠色隧道的屏蔽感和隔離感更為濃重；走在裡面，猶如走在綠牆綠頂的小隧道裡，和集集挑高般的大氣勢明顯有別。而且古坑綠色隧道的三個路段中，道路不約而同相當筆直，像是被拉緊的線繩般。在空間的距離感之中，只見筆直的路不斷往前延伸，隧道卻望不盡盡頭。

雲林古坑的舊台3線以芒果樹組成的綠色隧道。

縣道169線奮起湖至樟樹湖之間的竹林隧道。

　　嘉義的縣道169線，線上知名的地點即奮起湖。不過這條公路除了奮起湖外，沿途穿梭於高大的柳杉林之間，偶爾又會換上青綠色的孟宗竹林，將森林步道的芬多精體驗，搬進公路的盛宴中。另外，縣道169線在奮起湖北邊的樟樹湖，是一處茶園產地。視野所見，滿山谷的茶樹，讓羊腸般的公路在茶園之間轉呀繞的，午後升起雲氣後，更將樟樹湖布置成水煙漫漫的仙居之境。

　　臺南新營目前也有兩條綠色隧道，一條名為「太康隧道」，位於柳營地區的鄉道南108線。這條綠色隧道亦以芒果樹為主，較特別的是，道路拓寬後，從原本雙向二線道改為雙向四線道，卻仍保留了綠色隧道的場景。原因就在於拓寬時，僅在原本道路外邊再增開一條線，綠色隧道的芒果樹則被改為分隔島的中央綠帶。

　　新營區鐵線社區的鄉道南70線綠色隧道，其樹種為硬木之王的印度紫檀，所以被命名為「紫檀綠隧」，是較為特殊的綠隧樹種。因為紫檀在冬

臺南新營的紫檀綠隧，冬天變成蕭瑟枯寂的另類美感。

季時葉子會落光，夏季時才變得茂盛，所以這條綠色隧道是名副其實的「季節限定」，只有在夏季才能感受到綠色隧道帶來的蔭涼。不過冬季樹葉盡落時，僅剩樹枝的兩排紫檀佇立在公路旁，蕭瑟的枯寂模樣卻又是另一種別致的美感，而這景色當然也是季節限定。

　　東臺灣也有許多條綠色隧道，例如台8線從花蓮的太魯閣口至終點，約有二公里長的鳳凰木綠色隧道。每當夏季，鳳凰花火紅的色系映著公路，落花順勢將公路染成一片紅。以鳳凰木為綠色隧道的公路比較少見，因為它的枝葉生長常影響行車，必須勤加修剪。另外，台9丙線通往鯉魚潭的方向，在花蓮監獄前的路段也有一條壯觀的綠色隧道，它的樹種和集集的縣道152一樣，都是樟樹，而且路線也相當筆直。台9線臺東卑南路段則有成排的茄苳樹構成的綠色隧道，這條綠隧後來雖有拓寬，但不影響原本的茄苳樹，僅在茄苳樹的外側各闢一條雙向慢車道，讓這條綠意得以延續。

　　臺灣的綠色隧道數量不只文中所述，且除了公路系統外，地方道路系統也多有被綠樹夾道的綠隧場景。市區道路多以「綠園道」的形式美化市容，

台9丙線的樟樹
綠色隧道。

台9線臺東段的茄苳樹綠色隧道。

例如，臺北市的仁愛路、嘉義市的世賢路，路寬達一百公尺，是全臺灣最寬
的馬路，但其中泰半面積均作為綠化帶，猶如一條都市之肺。其餘的如臺南
市的林森路，高雄市的四維路也都是都市綠園道的代表。但不同的樹種有時
會對行車安全造成危害，樹種的選擇也應特別注意。

2.3 高樓叢林道

　　都市化的擴張讓許多良田陸續變成了高樓大廈，一棟棟的高樓常被視為一座城市發展的印象，好像樓蓋得愈多愈高，這座城市就一定愈先進。這是許多人常有的迷思，雖然都市建設與高樓大廈並不能畫上等號。臺灣、日本位處地震帶，對於高樓建築的防震規範特別嚴格，建築和養護成本也會比較高；但鄰近的香港地層穩定，三分之一是堅硬的花崗岩地質，少有地震，根據香港天文臺的紀錄，有感地震平均每年不到兩次，就算有地震，大多是從臺灣傳過去的。對於高樓而言，地基穩定，自然災害少，所以香港利用這個優勢，將人往天空送，每一棟高樓起碼三十層起跳，六、七十層的公寓住宅已是常態，造就出摩天大廈密集的城市景觀，香港有名的太平山夜景，也因為港島、九龍一帶摩天大樓夜晚的燈光秀，讓夜景更加增色。

都市裡的道路車多擁擠，並不太討喜。圖為台1線起點的臺北市忠孝西路。

　　公路的景觀除了綠意盎然的綠色隧道外，當公路進入都市裡，取而代之的就是林立的高樓。香港因為高樓極高，數量極密，道路景觀時常是夾岸的大廈，典型的高樓叢林道。臺灣都市的高樓高度有限，地面也多預留寬大

台64線板橋至中和段夾岸的高樓景觀。　　台1線新莊段高架橋的高樓叢林景觀。

的小廣場空間，緩和了樓與樓之間的壓迫感，加上大多有行道樹的陪襯，不太容易出現香港那種高樓叢林道，但只要夾道的高樓密集且具一定高度，仍可形成高樓叢林壓境的效果，只是這類道路通常位居車多擁擠的都市，並不太討喜。

台64線板橋至中和段是高樓叢林道的典型。如果由西向東行，經過大漢橋頭之後，或者由大漢橋進入板橋方向，眼前就是一條高架路往一片林立大樓裡行進的景象。高架公路兩旁有高高的隔音牆，隔音牆外又是高高的大樓，在這段路上開車，兩旁不是牆就是樓，而樓本身是更高的牆，對駕駛而言，猶如在隧道內開車，兩旁沒什麼風景；但也因為樓高，晨間的朝陽以及午後的斜陽光線經常被大樓抵擋在外，晨昏時段即便天未黑，但是大樓的影子足以覆蓋所有的路面，讓場景顯得有些幽暗。未來這段路除了快速公路本身的高架橋外，橋上還會再架上一層捷運環狀線的高架橋，形成橋上有橋、橋上有車站的層疊景觀。

台1線新北市段的三重經新莊至泰山，共計四‧四公里的路段，採用高架道路的設計。路的兩側同樣具有夾道的高樓景象，不過規模略輸台64線中和段一籌；但與台64線相同的是，台1線高架道同樣也有捷運共構。從三重

區新五路口開始，機場捷運的高架橋與台1線高架橋實施高架共構的雙層設計，所以除了高樓叢林外，還有來自高架橋本身的壓迫感。

位於高雄的國道10號左營路段，路的兩岸也有許多高樓林立，高樓的密度不像台64線旁那麼密集，稍微有些錯落。另外，國道10號除了左營路段的高樓外，它的標線仍然使用早年中山高的「標鈕」，原本一條條的標線被四、五個為一組的小圓白反光標鈕所取代。「標鈕」除了出現於國道1號中山高全線外，國道3號新竹臺北（即俗稱的北二高）通車之初，全線的標線也使用反光標鈕替代；到了國道3號後續的中、南部路段，則未再使用標鈕，全面改為反光漆的標線。

另外，非公路系統中也常出現高樓林立的景觀，其中臺北市的建國高架橋、新生高架橋最為明顯。這兩條高架橋都是臺北市政府自行管轄的路，沒有任何公路系統的編號，並不屬於公路的一部分。而建國高、新生高行經的區域又多為發展較早的城區，高樓並不會太高，高度也很一致，其中建國高架橋的路寬也較上述的台61線、台1線及國道10號要寬，隧道感覺的封閉效應有限，但無疑也是一條高樓叢中的路。

國道10號左營段的高樓林立，路面的標鈕也是全臺公路路面僅存者。

2.4 濱海大道

　　臺灣四面環海，沿著四周輪廓的海岸線，幾乎都有公路陪襯著，濱海公路也就特別多。這些濱海公路共同的特色就是路旁即海景，如果公路本身是高架系統，那看到海景的視野就更為明顯了。

　　省道台2線大概是濱海比例最高的一條，從淡水河口的起點開始就與水岸有緣，接著新北市海岸線而行，不時可以望見一旁的臺灣海峽。到了石門之後，經過基隆市區，擦過基隆港的邊緣，再進入東北角海岸邊，一路感受青草、巨岩的山巒與奇岩詭石海岸線的交響曲，一路駛向太平洋，所以台2線又名「北部濱海公路」。除了能看見美麗的藍色海洋，台2線能看到的島嶼也特別多，例如，在基隆市區段看見和平島（雖然看起來僅像是河岸對面的陸地），在碧沙漁港路段可見基隆嶼，以及在宜蘭頭城段所見的龜山島。

台2線公路時常可見的奇岩山巒與海岸線的交響曲，圖為水湳洞路段。

台2線的路線剛好是繞著臺灣頭的海岸線而行，與其遙遙相對、位於臺灣尾海岸邊而行的即是台26線公路，同樣也是切換了三個海洋區。台26線從屏東楓港至臺東安朔，路形像是一個「U」字，其中楓港至鵝鑾鼻路段即為「屏鵝公路」，路旁的臺灣海峽有時若隱若現，要透過防風樹林才能窺見；有時又直接現身在身旁，措手不及突然變成一片無敵海景。到了車城、恆春市區時，台26線暫時與海洋告別，一直到南灣再度與海相逢時，面對的已是巴士海峽。到了鵝鑾鼻之後，路線迴彎轉為北行，開始與太平洋共舞。其中的佳樂水至港仔段，以及旭海至南田段，因為環保爭議尚未開通，我也不希望它開通，畢竟這段路是臺灣最後一段沒有公路通過的海岸，相當珍貴。至於已開通的旭海至港仔段，因前、後都沒有接上台26線的其他路段，形成斷頭斷尾的

旭海路段的台26線保留單線濱海省道的規格，充滿奇岩絕壁的海景。

旭海路段的台26線時常在轉角之後便出現湛藍的海。

省道，好在仍有縣道199甲及200線可供聯絡。旭海段的台26線建築在山崖及海崖邊而行，不若蘇花公路的壯大氣勢，巨岩絕壁的樣貌稍小，卻仍能感受到扣人心弦的氣魄。另外，早年此路段是軍事管制區，現在雖然解除管制，仍留下大量的廢棄軍事建築，在山海交會之濱又添上了幾許神祕色彩。

　　西部的海岸線相當長，地質多為沙地，公路勢必無法像東海岸的地形直

台61線香山路段海濱的景致。

接建築在海的旁邊。沿著海岸的南北向縱貫公路台15線及台17線,大部分的路段都看不見海。直到台61線以「西濱快速公路」之名出現在地圖上時,西海岸的公路才真正有「濱海」的感覺。台61線從八里開始一路南向,臺灣海峽始終就在公路視野的範圍內。新竹的香山路段沿著岸邊溼地而行,每當黃昏,太陽如燒紅的鐵球般準備降落,夕陽的彩霞映著天與海,每每望之,都

令人忍不住佇足靜靜欣賞，就是早年新竹八景「香山日落」，近幾年則被命名為「風情海岸」，是台61線最美的路段。

　　美麗的夕照除了香山外，臺南市南區的台17線公路彎里段（濱南路）的「黃金海岸」也相當知名。以南部宜人的氣候條件而言，要在黃金海岸欣賞夕陽，比起新竹的風情海岸要容易多了。每天落日餘暉變成金黃橘彩籠罩海邊時，如同黃金般的色彩，令人印象深刻，所以這個海岸又稱為「黃金海岸」。

　　東部海岸的縱貫公路，由北而南分別是台9線蘇花段、台11線花東海岸公路、台9線太麻里段等三段。其中台11線公路與台9線平行，但隔著海岸山脈，台9線走花東縱谷，台11線走太平洋邊，兩條路的風情截然不同。有別

台61線、台61甲臺北港至八里路段的濱海雙層高架橋。

於西海岸公路的夕照美景，東海岸公路則是曙光之美，但因為人類的作息時間，看見夕陽很容易，但黎明日出時，多數人仍在夢鄉之中，所以知道夕陽的人多，知道海洋日出的卻很少。我曾在日出時分經過台11線公路，看著太平洋由黑翻紫，再由紫翻紅，最後太陽從海平面躍出，金輝灑落整片海洋，再漸漸恢復為太平洋層次的藍。整段過程從沉睡變成活力，從陰沉轉為光明。另外，花東海岸特殊的景觀有別於西部千篇一律的沙灘，多為鵝卵石構成的礫石海岸。而鵝卵石的灘岸多為藍綠色彩，太平洋本身則是帶有層次的藍，再配上晴空萬里的大藍天。如果要用一個色彩來代表花東海岸，那麼藍綠色再適合不過了。

花東海岸公路台11線的重重山巒與海景。

2.5 險峻的懸崖路

　　臺灣公路除了有美麗的海景，還有壯麗的山景，但多山的地形，讓我們的公路不時得懸掛在山崖之上。有些崖岸臨著海，有些是溪谷地，有些則是崩壁，若有公路通過時，便是險峻的山海斷崖之路了。這類的公路在山區很常見，部分的崖邊路也常因落石發生災害。不過臺灣最有名的兩條臨崖之路，一是台9線蘇花公路，一是台8線的太魯閣峽谷，都是世界級的險峻道路。

　　台9線蘇花公路的清水斷崖，向來為花蓮至蘇澳之間最大的屏障，陡直高挺的岩壁從九霄天際直接插入萬丈深海裡，一重過了又一重，每一重的山崖都是這種斷崖直落海洋的畫面。克服大自然的阻隔，向來是人類自始至今

蘇花公路清水斷崖的舊路線路寬狹小，一側峭壁，一側海崖，隨著山勢迂曲。

的天性，清代開始就有蘇花之間的古道，稱之為「北路」，沿著山、海、峭壁之間行經，有時越過山嶺，有時又臨著海灘。日治時期，「北路」不斷拓寬，使其可以行車，全線改稱「蘇花臨海道」，顧名思義，即是臨著海濱而行的險峻路，但所謂的拓「寬」，也不過是三・五公尺左右，剛好僅能容納一輛車通行。試著模擬一下，早年公路沒有護欄，路邊就是二十公尺直入海底的深崖，另一側則是聳立天際的峭壁，隨著山勢迂曲的路，可能一個轉彎沒注意就發生意外，要在這種惡劣條件下開車，得具備過人的勇氣、高超的技術與萬般膽識。

日本時代在清水斷崖的山壁上築了十一條隧道，隧道本身不會太長，最短的甚至只有一條粗壯的石柱，遠看如象鼻，被稱為象鼻隧道（此名為後人所稱，原本沒有名字，僅被編為八號隧道）。現在象鼻隧道與其他隧道都因公路改線而荒廢，舊路早已被風化而阻絕，僅能從海灘攀登而上。近年登山攀岩的風氣下，加上象鼻隧道絕美的風景，倒也吸引許多攀岩好手前往朝聖。

日本時代在清水斷崖所鑿的舊隧道之一。

掛在峭壁下的臨海道路，除了路途本身的驚險，也有山區地質不穩定的險。先說路途之險，三・五公尺僅容一車行駛的寬度，從日本時代至1990年代一直如此，所以早期的蘇花公路實施單向通行的管制，每二個小時會更換方向。管制的端點設有管制站，包括蘇澳、東澳、南澳、谷風、和平、崇德

蘇花公路崇德路段的路寬達四線道，是早期的管制站之一，也促成了小商圈，如今大多沒落了。

等六處管制站。這些管制站多已除役，行經這些前管制站路段時，路幅會變得比較寬，甚至寬達雙向四線道，就是為了充當臨時停車場，讓排隊車陣等候而設計。放行之後，進入單線的區間，來到了海崖之路，如果是坐在遊覽車的臨海一側座位，雖然太平洋湛藍的波光賞心悅目，往下看卻會見到萬丈深崖的海濱，然後車輛搖搖晃晃地自顧前行，就視線而言，常有懸空的感覺，驚嚇指數可是比雲霄飛車還刺激，有懼高症的乘客通常會要求坐在靠山壁這一側。

　　為了避開山崖的驚險，公路局開始以較長的隧道從山崖的內側通過，藉此提高安全指數，例如，仁清隧道、和清隧道、大清水隧道、匯德隧道、崇德隧道等，都避開了當年的臨海險路，原本單線單向通行的路，終於可以雙線雙向通行，成為今天的蘇花公路。新隧道開通後，舊路原先仿效台8線的九曲洞、燕子口路段，開放成為人行觀光步道，但自然災害不斷，觀光步道成了危險步道，沒多久即宣告撤除，現在多數的舊路已被大自然的力量拆除了。

　　除了臨海之崖，另一條臨溪之崖也特別著名。在清水斷崖的南邊山區，太

海崖路段的蘇花公路大多以隧道通過，以避開落石的風險。

蘇花公路部分的海崖路段仍在，路邊即能看見險峻的懸崖路。

台8線中橫公路在大理石壁中硬是鑿出一條通道。

魯閣國家公園的立霧溪峽谷，有一條台8線中橫公路通過。沿著山崖上，早期也有古道行經，即合歡越嶺古道的「錐麓古道」；然而，僅通行人的古道易闢，若要將道路闢建為車輛可行，就得在這片大理石壁中硬鑿出一條通道。

　　清水斷崖所面對的是峭壁與海景；立霧溪峽谷則是兩側陡立的絕壁，抬頭看向天空，被絕壁包夾得只見一道縫，又稱為「一線天」。其中的九曲洞、燕子口路段，在大理石壁中開鑿的連續短隧道，有鬼斧神工之嘆，卻是當年國軍官兵吊掛在絕壁外，以十字鎬以及炸藥，用人工方式鑿通的。開路之時，犧牲了二百二十五條人命，因此峽谷中一處飛瀑岩壁上，建了「長春祠」來紀念殉職人員。

　　台8線太魯閣峽谷段的意外災害雖然不像清水斷崖這麼頻繁，但每當颱風或豪雨來襲時，仍有落石山崩的危險，再加上九曲洞、燕子口路窄難行，

以及大批遊客穿梭其間，因此採用了較長隧道從崖壁內側貫穿的工法，包括長春隧道、溪畔隧道、燕子口隧道、九曲洞隧道等。原本的九曲洞、燕子口的舊路則成為人行徒步的觀光步道。

　　蘇花公路、中橫公路開路至今不斷改善，未來的改善工程仍會持續，大多也使用隧道及橋梁來取代原本掛在懸崖上的路，尤其是蘇花公路的改善方案，將會再出現十公里的長隧道，一勞永逸地取代臨崖之路的風險，也讓我們見證了兩個時代不同工法的公路景觀。

台8線中橫公路在立霧溪峽谷所面臨的絕壁。

2.6　青青路畔草

　　「青青河畔草，綿綿思遠道」是家喻戶曉的漢代樂府詩句。河床堤岸邊，通常是一片青綠的草地；於是茂盛的青草、粼粼波光的河水，畫面向前延伸至地平線一望不盡之處，這樣的場景不禁會讓人產生一股幽思。

　　有些公路旁種滿了密集的樹，形成公路隧道的綠色視野；但也有些公路不見綠樹，卻有大量青草地。這類公路大多出現在地塹路段，也就是說，當一條路要通過這座山頭時，如果情況允許的話，便直接向下開挖，以下凹方式施工，即「地塹」的道路形式，以減少公路上山、下山的坡度（如果山勢更高的話，就只好改挖隧道了）。早年生態工法還未實施於公路建設時，通常地塹路段兩邊的山坡地會直接灌上水泥漿，藉此鞏固坡地，避免坡地崩落而形成災害。早年國道1號的地塹路段皆是這樣的場景，尤以銅鑼至三義路段最為壯觀，水泥填灌的大面積灰色巨大斜壁，壁上還畫有一面巨大的高公局局徽。小時候每次經過這片斜壁時，總是有點害怕，因為這種巨大灰黑場面通常是任天堂遊戲中魔王居住的地方，不時還會噴火球。

　　後來生態保育概念逐漸落實之後，在生態工法的施作下，公路的地塹路段已難有大面積水泥斜壁的畫面，取而代之的是青青綠草，其中以國道3號為最。國道3號從北到南幾乎全線都蓋在淺山丘陵區，地塹的路段特別多，其中以「龍潭大開挖」最為有名，開挖前原本是一座山，為了築路，挖成了一座下凹的地塹帶，好讓國道通過，而挖出來的土方可作為其他路段的土堤地基。經過這些地塹路段，兩側通常是草坡的畫面，兼顧視野和生態的功能。

　　除了地塹外，另有一種青青草原的路邊草，存在於平坦遼闊的土地上，它位於台61線西濱快速公路觀音至鳳崗路段。台61線的身世坎坷，全線從二十年前開工至今，仍未能完全通車，施工中的慢慢蓋，已完工的有些僅蓋

國道3號地塹路段時常可見青綠草坡及綠樹。

僅先蓋側車道的台61線觀音至鳳崗段。

一半；而觀音鳳崗段就是蓋一半的例子，目前只有「側車道」先行完工，主線的高架橋預計2015年才會開工。不過這蓋了一半的道路卻意外地成就了臺灣公路的另類美景。

　　台61線觀音至鳳崗段的設計是將主線高架預留在中央，雙向側車道在兩旁。因主線尚未興建，預留空間相當寬大，而且植滿了青草，就像是一座非常寬的安全島，或美式高速公路的寬大分隔帶一般。側車道與青草之間沒有護欄圍籬阻擋視線，加上公路所行經的地方多為無人區，沒有雜亂的建築，只有無限的青草和綠樹，視野上就像是一條穿行在綠茵裡的草原公路。天氣好的時候，芳草碧連天，數量不多的車流、通行順暢的公路，對向車道遠在

台61線觀音鳳崗段是穿行在綠茵裡的草原公路。

彼岸，沒有一般公路的壓迫感。

　　雖然這條公路臨海而建，然而大部分的藍海畫面都被擋在防風林外，一片綠林的愜意也好過都市水泥的喧噪。我南來北往時，若不趕時間，通常會選擇走這條路；相較於中山高的凝滯感所帶來的壓力，台61線觀音鳳崗段草原風情的輕柔較能釋放壓力。只可惜未來主線高架橋即將施工，這片青草曠野的公路即將走入歷史，當年因經費及時程問題而僅先施作側車道，竟無心插柳地造就這片難得的景觀，也寫下臺灣公路史上一頁傳奇的章節。

　　恆春半島滿州鄉的縣道200線及200甲線，是臺灣著名的牧草栽種區。牧草長成後，沿著公路前進，只見路的兩旁是成片的青青草原，如同置身於紐

縣道200甲線的滿州鄉路段的牧草。

澎6線鄉道接近漁翁島燈塔的草原公路風情。

澳的農場。這些牧草每年會收割四至五次，如果剛好遇到收割季節，草原景色會被黃色土地以及一捲捲一捆捆已收成的牧草取代。由於縣道200線不在墾丁的主要旅遊路線上，遊客不算多，在這邊可以騎著單車，感受一下臺灣特有的牧草公路風情。

　　臺灣美麗的離島澎湖藏著許多被青草包圍的路。西嶼的鄉道「澎6」線，通往漁翁島燈塔，路線本身在一座山頭上，兩旁盡是草坡，偶爾還夾雜著野生的仙人掌。公路本身沒有電線桿、護欄等視線的干擾，接近漁翁島燈塔時，只見公路在一片大草原中前行，曠野之中又帶有濃濃的海洋味，非常別致。

2.7　無限蛇彎拐不盡

　　北宜公路的九彎十八拐，連續的
髮夾彎道讓許多乘客暈頭轉向，駕
駛人也得不斷大轉方向盤來應付這些
一百八十度的急彎。山區道路峰迴路
轉，時而上坡、時而下坡，其中雜有
許多髮夾彎道。究竟為何需要這些髮
夾彎？主要原因就是克服地形。就像
高速公路交流道繞圈圈的環道，如果
一條路要上山，但山坡斜度大，通常
無法讓公路直接開上去，只好沿著山
坡，以S形的方式繞上山去。這道理
就像建築物的無障礙坡道一樣，如果
走正常的路，通常是一段樓梯，但是
輪椅無法上樓梯，只能利用比較平緩
的坡道上下，為了減緩坡度，坡道必
須拉長，拉長後又沒有太多空間可施
作，於是便將坡道設計成S形。一般
住家的樓梯中間都有個轉折的樓梯
間，也是類似原理。

　　對山區公路而言，通常是繞著山
形來盤旋，也是一種延緩坡度、增加
坡道的原理。如果所行經的山區坡度

台14線在合歡山區峰迴路轉，一層一層往上爬，原理類似樓梯。

山區公路帶有坡度的髮夾彎，是為了延緩坡度而設計。圖為台24線三地門大彎道。

太陡、山勢太高，腹地又不足，那麼公路勢必要使用 S 形彎道，有時甚至必須連續使用 S 彎道，北宜公路的九彎十八拐就因此出現了。其實設計成 S 形的路線是不得不然的狀況，髮夾彎道徒增路況的風險，駕駛人必須更專心才能安然通過這些彎道，而且這些髮夾彎道除了必須一百八十度大轉向之外，彎道時常帶著不小的坡度。既要大轉彎，又要大爬坡，對車輛本身的性能和狀況也是種考驗。

台9線北宜公路在宜蘭頭城路段的連續髮夾彎，被稱為九彎十八拐，其中的「彎」乃是髮夾彎道之意，「拐」則是轉彎的動作。對駕駛人而言，進入髮夾彎時要先轉動方向盤來拐彎，過了彎道之後，又必須再轉動方向盤回正；一個

彎會有二個拐的動作，九個彎便有十八個拐的動作，因此稱為九彎十八拐。至於是否真的有九個彎，從Google Map的空照圖來看，比較明顯的有八個髮夾彎，另一個比較小的彎道勉強可計入，加起來就是九彎十八拐了。

　　除了九彎十八拐之外，新北市瑞芳區的鄉道「北34線」，從水湳洞至金瓜石路段也使用了連續髮夾彎道來克服坡度。這裡因為有良好的展望點，居高臨下可拍出彎道在山區盤旋的景色，公路如千層派層層相疊，吸引了不少攝影玩家前來取景；尤其是夜間的車軌景色，讓彎道變成黃紅的流動線條曲折而下。如果細究其彎拐，比較明顯的髮夾彎有八處，還有三處較小的髮夾彎，總計十一座彎道，所以是十一彎二十二拐，2010年公路八景選拔時，北34線的鄉道即被命名為「金瓜蛇彎」，此後聲名遠播。

左：從金瓜石眺望的北34線及其周邊迂曲的山路。
右：北34線的金瓜蛇彎常成為廣告取景的地點。

鄉道竹60-1線於玉峰村的連續髮夾彎。

　　不管是九彎，還是十一彎，對嘉義縣的縣道162甲線而言，不過就是小菜一碟。嘉義梅山鄉太平村的162甲線，號稱「太平三十六彎」（或稱梅山三十六彎），其中真正的髮夾彎道就有二十五處，其餘十一處則是普通的山路彎道，總計有三十六個彎道；這三十六個彎道全長十三公里，從第一個彎到第三十六個彎，海拔上升了九百公尺，可想而知，當駕駛人在這條路上面臨這堆髮夾彎時，心中大概充滿了「無限蛇彎拐不盡」的慨嘆。為了標誌彎道，好讓用路人知道究竟還要再拐多少個彎道，以前每一個彎道都會漆上一個數字。現在嘉義縣政府為了發展觀光旅遊，將每一個彎道前都製作了一面造形數字標誌，並提供周邊觀光景點的指標。除了梅山三十六彎之外，同是梅山鄉、同是縣道162甲線，到了瑞峰村，十六公里之間的路段擁有三十三座髮夾彎，其餘較小的彎道更是不計其數。如果將瑞峰的彎道與太平三十六彎合計，縣道162甲線在梅山鄉的髮夾彎超過五十座，若加上其他小的彎道，或許名稱來個「梅山百彎」會更有氣勢。

　　山區公路的髮夾彎其實很常見，連續而密集出現的地方，則以雲林、嘉義、南投交界處一帶的阿里山山脈特別多。除了上述縣道162甲線之外，縣道149甲、149乙、159甲、166、169等線，以及省道台18線阿里山公路，其他的鄉道及產業道路都擁有多處的連續髮夾彎，就連阿里山鐵路本身也有髮夾彎，只是火車鐵道的轉角會比公路還大，但仍設計了四處必須先前進再後退的之字坡。如果是容易暈車的體質，有機會經過這些公路時，可能要備妥暈車藥。

2.8 沒有鐵扇公主的火炎山

　　中國大陸的吐魯番有一座火焰山，因當地氣候酷熱，山形無樹且呈赤紅色，如熊熊烈火的燃燒，每當鐵扇公主一揮扇，火就燒得更旺，自古以來就被喚為火焰山。苗栗三義則有一座「火炎山」，名稱看起來比「火焰山」更有氣勢，「火炎」二字共有三個火，火上加火，這座山大概是如地獄熔岩般炙熱吧！但是火炎山和火、熱等一點關係也沒有，而且還是先民從苑裡到三義的必經之路，即現在的「香茅古道」。

　　火炎山位於大安溪北，其面向大安溪這一側，只見一座紅黃礫石構成的山拔地而起，山形由眾多大小不一尖如刀鋒的尖峰組成，山勢也有許多紅黃的皺褶，幾乎沒有綠意的樹木或草地，只有紅黃的土堆、礫石和山溝，遠觀宛如熊

火炎山隧道外側的縣道140舊線，已遭到許多卵礫石侵犯。

國道1號北上路段所望的火炎山，土中富含鐵質，
看起來是一片黃紅，也是中山高的地標之一。

熊烈火，故名之曰火炎山。火炎山的地質以卵礫為主，土質非常鬆散，容易塌
陷，不適合植物生存，再加上土中富含鐵質，所以看起來是一片黃紅，又稱為礫
石惡地。因地質不穩定，易遭風雨沖刷，所以火炎山下的縣道140公路，特地蓋
了一座隧道，好讓這些被沖刷下來的礫石通過，避免危及公路本身。

　　如果是由國道1號中山高北上方向，過了泰安休息站，進入大安溪橋
時，就能望見火炎山的巨大山形。而國道1號過了火炎山之後，並不如其名
般炙熱，反而是一片溼冷。臺灣南北氣候以及地形的分野，常以大安溪為分
水嶺。每當從溫暖陽光的中南部北行，過了火炎山，即變得陰冷潮溼，甚至
帶著雨氣，春、秋兩季的晨昏時段，三義更容易聚積大霧。再者，就地形而
言，中南部的平原區地勢平坦，表現在中山高速公路上，路線常是筆直的，
而且不太需要爬坡。可是過了火炎山，馬上就是著名的三義長陡坡，不論是
上坡或下坡，對行車安全都是一大考驗，中山高到了北部路段後，幾乎是
「路無三里直」，接連的彎道和爬坡道，都是北部路段典型的形態。

　　正因火炎山的山勢特殊，路過的人很難不被它儡人的氣勢所吸引，非得

盯著看上幾眼不可；再加上氣候及地形的分水嶺性質，讓火炎山成為中山高速公路的重要地標之一。

　　在大甲溪、大安溪下游一帶的三義、苑裡、大甲、外埔、清水、神岡，這種裸露的礫岩層地形相當常見，其中規模最大者當然是火炎山。除了火炎山之外，礫石惡地分布的地形大多位於山崖邊，而且均有明顯的沖刷痕跡，以大甲溪兩岸的高地最為明顯，高地與河畔的落差極大，幾乎是垂直的山崖，溪谷就像是「ㄩ」字形，明顯是一個斷層，而高地的崖邊就是這些黃紅的礫石層。雖然破碎程度不若火炎山大，礫石層周邊也長滿了相思樹，但再多樹也遮掩不了如同髮裡長癬般的地貌。除了國道1號中山高所面臨的火炎山之外，沿大甲溪南岸堤防而行的國道4號神岡至清水段，沿途所見的兩岸高地除了印象中的綠意外，也不時掛著這些怵目驚心的裸露礫石惡地。

　　同樣的地區還有一個地景頗像火炎山的惡地。如果沿國道3號南下，經過大甲收費站舊址前，右前方有一座明顯的小山，山勢如高起的平臺般，前

左：國道3號苑裡南下大甲所見的鐵砧山紅土礫石層。
右：國道4號沿線所見的惡地地形。

國道6號東行所見的九九峰。

人將其想像為屹立不搖的砧板，喚之為「鐵砧山」；其中平頂的地方有明顯的紅黃色崩塌地形，狀如火炎山。雖然鐵砧山也有礫石層，不過這裡的紅土層比較多，與礫石惡地不太一樣。但對公路景觀而言，也可作為國道3號南下大甲時的地標，與國道1號北上所望的火炎山、國道4號沿線所見的礫石惡地，同為中部國道的特殊地景。

除了臺中地區，南投草屯的九九峰、高雄六龜的十八羅漢山，也同是礫石惡地地形。不過九九峰、十八羅漢山沒有富含鐵質的土壤，看起來沒有火炎山的火紅，只呈現黃色土石的原色，不知情者還以為是山石崩塌。

草屯的九九峰由許多座小山峰組成，礫石裸露區大多在山峰及稜線處，便以其「多峰」的特色，名之曰「九九峰」。九二一大地震時，許多植物被震掉了，讓九九峰出現了土石裸露的原貌。除了國道3號草屯路段可欣賞九九峰外，國道6號東行路段更是伴隨著九九峰而行。接近東草屯交流道時，前方出現充滿泥石土壁的山影，以及峰峰更迭如走馬的眾山丘，即是九九峰，無怪乎其有「九九」之名，若要真的計算有幾座山頭，恐怕也相當累人。九二一大地震後五年內，因為植物尚未復甦，九九峰的數十座黃色土石之峰，蔚為奇觀；但隨著大地休養生息，許多植物、樹木又開始生長，待小樹長大後，許多裸露在外的黃土礫石又被遮擋起來了。雖然穿起了綠色的外衣，但外衣蓋不住的地方，仍能見到礫石惡地構造的地形。

　　高雄六龜的十八羅漢山位於荖濃溪西岸的台27甲線公路旁。有別於九九峰的連峰氣勢，十八羅漢山則是比較大且圓的小山峰構成一座大山，從台27甲旁即可見到礫石裸露的危壁高崖，高崖上再頂著十八羅漢峰。台27甲線在早年是進入六龜的聯外道路，並在十八羅漢山下開鑿了六座隧道。現今台27甲線已改走新線，從隧道外側繞行，反而更能夠看清楚十八羅漢山的樣貌。咫尺的山巒，青綠之間多了幾筆土黃的礫岩崖壁；再往上瞧，一座座小峰坐落在大峰之上，就像是各具姿態的眾羅漢。

　　細數這些礫石惡地，剛好都有公路行經附近，成為路段中的一大地標。中部的火炎山富含鐵質，呈現紅黃色，下雨之後還會使顏色加深，變成紅棕色，可說是會變色的山。草屯、美濃的礫石惡地則是正常的土黃色，夾雜在綠巒裡，有時不經意就會錯身而過，或誤以為是普通的崩塌地而未加留心。

台27甲線十八羅漢山的礫石裸露危壁高崖，一座座小峰
坐落在大峰之上，就像是各具姿態的眾羅漢。

2.9 月世界之惡地路

　　南臺灣地區從臺南左鎮、高雄田寮、燕巢這一帶狀的區域，每一座山幾乎都是不毛之地。它的土壤主要以不適植物生長的泥、沙、頁岩等組成的白堊土為主，鬆軟的土質讓山岳遍布著許多雨蝕的溝道，乍眼望去，灰白色的一座座小山彷若來到月球表面，因此稱為「月世界」。另外，地表及地底充滿了泥沙，所以形成許多泥火山，隨時都會噴發泥漿，以及由泥漿構成的泥湖。這類的地形異於臺灣地理常見的熟悉景觀，因此被稱為「惡地」。

　　有些公路直接通過月世界，讓公路本身充滿了月球色彩的戲劇性。其中國道3號過了田寮收費站舊址後，進入中寮隧道之前，即可發現周邊的山林從原本熟悉的翠綠色，全都變成了灰白色的地質樣貌。中寮隧道穿越的山本身就是月世界，所以進入

國道3號南下進入中寮隧道前所見的月世界景觀。

隧道之前，就像要進入月球的某座山，隧道建築是人工的，燈光和LED設備顯得高科技；月世界是荒蕪的，好似險惡的境地。兩者的畫面結合之後，如同在外星墾荒的人工建築，充滿了科幻色彩。

　　位於臺南市左鎮區的鄉道「南171」線公路，剛好縱貫了草山月世界。

踏上這條公路，猶如開進另一個星球般，公路兩邊極目所見，盡是皺褶深厚、峰稜如刃的一座座矮山。雖然不利植物生存，但生命力堅韌的芒草仍能找機會在不經意的小角落竄出，更增添惡地的荒蕪之感。位於臺南的草山月世界，除了左鎮區之外，新化區、龍崎區也有分布這些場景，除了鄉道南171線，南179線也能感受這般景色。

　　若由國道3號田寮交流道下，往田寮方向沿台28線公路而行，也同樣能進入月世界；為此，田寮區還將這段路命名為「月球路」。臺南左鎮的草山月世界周邊沒有太多民宅，偶見果園農舍，道路狀況也不甚佳，相較之下，

臺南左鎮的草山月世界，下方公路即鄉道南171線。

高雄的田寮月世界因有省道級的公路通過，交通相對便利，周邊建築物比較多，加上觀光、商業化的影響，明顯較草山月世界的人氣旺，但也相對降低了月世界所擁有的神祕力量。

除了臺南、高雄一帶的

台28線與田寮月世界。

臺東縣的鄉道東45線與利吉惡地。

月世界外，東臺灣也有月世界。臺東卑南大溪旁的利吉村有一處約二公里長的童山濯濯地貌，稱之為「利吉惡地」或「利吉月世界」。利吉惡地是因海底板塊推擠而隆起的泥岩地形，與草山、田寮、燕巢等白堊土的月世界略有不同，腹地範圍小了許多。聯絡利吉與臺東的鄉道「東45線」公路，在利吉大橋附近即可望見此一場景，遠看又像是黃山的千仞絕壁，所以又有「小黃山」之稱。

　　臺灣公路的萬種風情，不論是美如綠色隧道、花語相伴，或者惡如火炎之山、不毛惡地的景色，都存在於我們生活中輕易可及之處，雖然惡地不若想像中險惡，只是名稱聽起來比較驚悚，但這些光禿禿的另類美學，無疑地為公路風情帶來更多驚奇。

2.10 雪之公路

　　雪，對於地處熱帶及亞熱帶的臺灣而言，總是令人嚮往與興奮。在臺灣要見到雪並不容易，就算是三千四百多公尺的合歡山，也只有在寒流以及水氣充足的條件下才會降雪，因此更顯得雪之珍貴。

　　臺灣能看得到雪景的公路，當數省道台14甲線。台14甲線是山區公路，本身就具有許多爬坡及彎道。當「大雪滿公路」時，合歡山成為銀白世界，周邊的山頭也會變得雪白，與公路連成一線。為了安全起見，台14甲線合歡山公路的護欄都會漆上亮黃色，並搭配紅色的護欄支柱，目的在於警示的亮黃色彩可讓用路人在白雪蒼茫的時節裡辨識道路位置，無形中讓這身黃紅配成為台14甲線的印象色彩。

　　真正來到大雪滿公路時，堆積的雪會覆蓋公路，所以合歡山所屬的梨山

台14甲線紅色支柱配黃色護欄有助於雪地裡的辨識。

台14甲線配置臺灣唯一的鏟雪車。　　　　　　　積雪快比護欄還高，形成天然的雪牆。

　　工務段備有全國唯一的鏟雪車，在雪封公路時可以用來清除馬路上的積雪，好讓車輛順利通行。目前服役中的鏟雪車是2011年購自加拿大，接替原本操了十三年的賓士鏟雪車。冬季上山時，應該很容易看到鏟雪車的身影；但也因鏟雪車開道的關係，積雪量大時，台14甲線公路的路面雖然被開出一條可通行的區域，但路的兩旁便出現堆積成硬塊的雪，幾乎要比護欄還高，形成一道天然的雪牆。

　　若是下雪量過大，積雪來不及鏟除時，整條公路會鋪上一層厚厚的雪，讓山區中灰黑色的公路變成白色的雪路。接著，大批賞雪車潮開上山，將雪地壓得泥濘，被壓出來的雪地車轍道上，白雪混著塵土，變成了灰黑色的雪泥冰沙，看起來不甚美麗；但這種路面上滿布灰黃雪泥的情況，對於冬天會下雪的國家而言，可說是稀鬆平常。

　　另一個容易下雪的太平山區，海拔僅有一九五〇公尺，卻因地形關係，三面環山，讓所屬的公路「宜專1」線，也常有機會變成雪之公路，可惜我沒能有機會探訪下雪的宜專1線。

　　2005年的三月天，臺灣許多山區都下起了雪，海拔稍低的梨山、奮起

湖，甚至草嶺都有降雪，是近年來雪線最低的季節。

　　對行車而言，下雪是相當危險的。雪本身不可怕，最麻煩的是路面結冰。當積雪混著水，或路面經過重複累積的重壓時，都會導致路面形成厚厚的冰層。積雪是軟綿綿、蓬鬆鬆的，但由積雪而演變成的冰卻是結結實實的硬滑，如同冷凍庫的冰塊。一般人行走在冰層上，就像在溜冰一般，可能會摔跤；如果是行車的話，車胎會因沒有摩擦力而導致打滑。行人的鞋底必須加掛冰爪，利用冰爪的鋒利面刺入路面的冰層來增加抓地力；同樣的，車輪就必須加掛雪鏈，藉由凸起的鏈條破壞路上的冰層，以增加摩擦力。如果沒有加掛雪鏈，車輛在山區公路打滑可不是鬧著玩的，嚴重者甚至直接摔落山谷。

　　一年有超過七個月降雪期的北海道，雪季時所有的車輛都換裝了專用的雪胎，可以不掛雪鏈，但遇到頑強冰層時，仍會有車輛打滑的情形發生。每逢合歡山、太平山雪季時，為求安全起見，警方都會視情況在半路設置管制站，禁止未加掛雪鏈的車上山；如果雪勢更大，會再進一步限制四輪傳動車才能上山；如果風雪又加劇，則直接禁止所有人車上山，以確保安全。這就是為何每年合歡山雪季時，總是一再呼籲上山的遊客必須加掛雪鏈的原因。

　　雪之公路宛如山水畫作品，在山中披著白雪，逶迤而行，且是限定季節的景色。對臺灣而言，能擁有台14甲這條每年下雪的山區公路雪景是相當難得的，但稍一不慎而打滑時，輕則撞上護欄山壁，重則滾落千仞之崖，用路人得要格外小心。

雪地行車風險高，若公路有積雪時必須加掛雪鏈。

Chapter 3

公路之最

總被遺忘在腳底下的路
其實擁有精采的成就

3.1 最早的公路：台1線

　　省道台1線是臺灣第一條縱貫道，源自於清代的官道、日治時期的縱貫道。在國道1號中山高速公路尚未通車前，台1線是臺灣南北往來的重要道路，即便中山高全面通車後，台1線的交通地位仍然無可取代。現在它的中文名稱為「縱貫公路」，雖然南北向的縱貫公路不只有這一條，但台1線「縱貫公路」的歷史地位無可撼動。除了「縱貫公路」外，老一輩的人也習慣稱台1線為「省道」，雖然名義上的「省道」有好幾條路，但大家仍習慣用「省道」來代表台1線。

　　台1線起始於臺北市忠孝西路行政院前的「公路原點」，與台1甲線、台3線、台5線、台9線共同使用一個起點，該原點亦是臺灣最早的省道起點。之後由西轉南，經過新北市、桃園縣、新竹縣、新竹市、苗栗縣、臺中市、彰化縣、雲林縣、嘉義縣、嘉義市、臺南市、高雄市到屏東楓港，全長四六〇公里，一路串聯了臺灣西部各縣市，僅位於內陸的南投縣，以及舊的省轄臺中市

台1線、台1甲線、台3線、台5線、台9線的共同起點，位於行政院前的「公路原點」。

沒有經過。1965年實施公路編號時，台1線的終點被定在鵝鑾鼻，1978年屏鵝公路拓寬前，台1線終點退縮至現在的楓港。

　　行經各城鎮市區的台1線，經過長年的發展，大多是該地方最熱鬧的路段，商業活動頻繁，連帶影響車流的順暢度。所以在台1線的拓寬改善工程中，許多地方的台1線改由新建的外環道通過，從現在的地圖上來看，只要

台1線在當地的路線是一個C字形的，就是外環改道的結果，這樣的例子相當多，例如中壢市的環北、環西、環南路，新竹市的經國路，臺南市的中華路及中華東路，屏東市的和生路等皆是，以及途經許多鄉鎮市區的外環。其中最長的外環道是臺中海線的清水、沙鹿、龍井，一口氣跨越三個城鎮，全長十四公里，北邊的大甲、日南及南邊的大肚也都有外環改道，臺中市的台1線幾乎都走新路線了。許多改道外環的台1線，又隨著都市的擴張而變得熱鬧，只好再計畫新的外環道，例如，桃園市區的復興路原為台1線外環道，而後又建了更大的環線三民路來取代復興路。

台1線行經市區路段大多改走外環道，圖為新竹市經國路。

　　另一個變動比較大的是臺北市、新北市及桃園的台1線與台1甲，這兩條省道曾經交換過身分，目前的台1甲線從公路原點向北行中山北路，再轉民權西路由西轉南經臺北橋，進入新北市的三重、新莊，正是當年的台1線，1994年才改為台1甲線，所以當地人多稱台1甲線為「省道」、「一省道」；至於從忠孝西路由西轉南經忠孝橋後的台1線，是當年的

龜山的台1甲線原本為台1線，圖中內側彎道楔形線有警示的作用。

台1線外環道，總長一三・七公里，完工之初作為台1線的輔助（曾編為台1丁），所以當地人多稱為「二省道」。「二省道」的路名原為中山路，現已被統一為「新北大道」，但仍改不了「二省道」約定俗成的稱呼。（新竹的「公道五」也是約定俗成的稱呼，政府順應民情習慣，將該條道路命名為「公道五路」。）

台1線與台1甲線交會於新北與桃園界的迴龍，兩條在此合併共用同一路線，南行短短三公里，至龜山後又一分為二，和新北的情況一樣，新建的外環道為台1線（東萬壽路），舊的路線則為台1甲（萬壽一段路），兩線分開約五公里後，又合併為一線，經過短暫的一點五公里又宣告分離，

新北市的台1線以高架的方式通過，圖為台65線與台1線交叉路口，橫向的台1線高架橋上方還有機場捷運通過。

進入桃園市外環道的範圍，舊線依然為台1甲線，經由長壽路轉三民路的外環道則是台1線的主線。從臺北市到桃園市，台1線主線幾乎是新建的外環路段，保留的舊線另外編為台1甲線，地圖上看起來分分合合，歷史上則是經過多次外環改建的結果。

新北市的台1線除了「二省道」的外環新建路段外，還有高架橋的設計，擴大道路的容量。從臺北市重慶北路口的忠孝橋開始，到了新北市三重

台1線的經典，西螺大橋，目前已改編為縣道145線。

區接上中山高架橋，直到泰山區的民生路口，總計被高架立體化的台1線，全程達九公里。新莊區靠近泰山的高架橋又和機場捷運共構，形成橋上有橋的雙層橋景觀。

如果有機會利用台1線作為環島的路線，那麼絕對不能錯過「西螺大橋」。西螺大橋原為台1線，1994年溪州大橋完工後改行新線，原西螺大橋改編為縣道145線。早年因為濁水溪下游的河道寬廣，蓋橋需要花費大量經費及工程技術，西螺大橋於日治時期的1937年開工，直到1953年才完工通車，期間經歷二次大戰而停工，國民政府接手後再靠著美援建完這座橋。

三十二座的花梁鋼，一點九公里的長度，跨越在濁水溪上，是當年東亞第一大橋，僅次於舊金山大橋。隨著工法進步及經濟發達，1978年在西螺大橋的東側蓋了二點三公里的「中沙大橋」，成為國道1號中山高最長的橋，1995年又完成了總長三公里的「溪州大橋」（新西螺大橋）作為台1線的新路線。新落成的橋雖然都比西螺大橋寬且長，但就歷史文化而言，西螺大橋仍然值得一遊。

台1線的枋寮至楓港，路線一面臨山，一面臨海，但山勢較為平緩，沒有東部路段那種山崖連海的驚險。終點楓港，身兼台1線、台9線及台26線三線公路的終點及起始點，一直以來都具有休息補給的中繼站性質，相對的在

旅遊旺季也容易塞車，所以後來台9線南迴公路在楓港北邊建了外環道，立體交叉銜接台1線以避開和墾丁的車流交織，連帶變動了台9線及台26線的起、終點位置，讓楓港的三叉路口結束了三叉端點的地位。

附帶一提，台1線全長四六〇公里中，途經十二縣市，七十九個鄉鎮市區，大多各自有「路名」。眾所皆知，臺灣道路「菜市場名」第一名為中山路，第二名為中正路。而台1線途經各地的路名，第一名獎落誰家？沒有意外，仍然是「中山路」，根據我統計，包括三重、新莊、泰山、桃園、楊梅、通霄、苑裡、大甲、清水、彰化、花壇、大村、員林、埔心、永靖、北斗、溪州、水上、新市、湖內、路竹、岡山、屏東、枋寮、枋山等二十五個鄉鎮市區，台1線行經的路段都稱為「中山路」，其中岡山分為「中山南路、中山北路」，而新北市、彰化縣全境的台1線皆稱作中山路，是台1線路名最統一的縣市。不過新北市目前已將境內全段的台1線改為「新北大道」，因此台1線的「中山路」僅剩二十三個鄉鎮市區，但數量仍然居冠。

台1線路名第二名的不是中正路，而是「中華路」，計有中壢、竹北、新竹（含北區、香山）、頭份、造橋、後龍、清水、梧棲、龍井、官田、永康、臺南等十三個鄉鎮市區。其中臺南市段稱為「中華東路」，而雲林莿桐的台1線舊線也稱為中華路，但新線已改走外環的延平路，所以不計入。

第三名以後就沒有明顯的集中性了，仍將資料列出，供大家參考。命名為「延平路」及「中正路」的數量相同，各有四個鄉鎮市區，其中名為「延平路」的有平鎮、莿桐、斗南、大埤；「中正路」的有大林、永康（分為中正南路、中正北路）、內埔、枋寮（中正大路）。第四名為建國路，計有三個鄉鎮市：民雄、鳳山、屏東。第五名為「經國路」及「忠孝路」，各有二個，「經國路」在新竹、大甲，但皆為新建的外環道；「忠孝路」則落在臺北市、嘉義市。除此之外，其餘的路名都只見一例，我就不一一列出了。

3.2 最長的公路：台9線

　　截至2014年為止，省道台9線公路的總長度為四七五公里，是全臺灣最長的公路。至於第二長則是台1線公路，總長度為四六○公里，兩者僅僅相差了十五公里。但是台9線的原始總長度不只於此，原本長度曾經超過五百公里，隨著沿線截彎取直地不斷改善之下，漫漫長路不斷縮短，至今已剩下四七五公里。未來蘇花、南迴公路的改善工程完工後，台9線的里程將會再面臨大變動，甚至退居到第二長的地位。

台9線花蓮市區路段。

　　正如台1線對臺灣西部縱貫骨幹的影響，台9線是臺灣東部最重要的一條路。有趣的是，在台9線楓港外環道未完工之前，台1線與台9線曾是擁有共同起點、共同終點的兩條路。本是同根生，殊途而同歸，相當適合形容這兩

台1線、台9線、台26線楓港路段演變圖

條公路的關係。起點位於臺北市行政院前,終點原本與台1線、台26線交會於楓港的三叉路口;但因容易造成壅塞,所以蓋了一條楓港外環道,讓台9線的終點路段避開了楓港市區,於是台9線的終點被往北移了一公里;原台9線終點舊線變成了台26線,只有台1線原封不動。而原本三線同心協力交會於一點,變成了一個三角關係:台1線終點於台26線上,台26線終點於台9線上,台9線終點於台1線上。

　　公路編號還沒實施之前,臺灣公路多用中文表示,例如,台1線為縱貫公路。而臺灣東部則由北宜公路、蘇花公路、花東縱谷公路、南迴公路等組成一條幹線。這些公路都是當地的重要聯外道路,如果道路中斷,將會造成大麻煩,不像台1線在西部還有許多替代道路。1965年公路編號實施後,上述的公路全部編為台9線,從此奠定了台9線在東部的地位。類似的情況也發生在國道5號,在國道路網規劃中,除了北宜高速公路外,原本計畫裡的蘇花高、花東高、南橫高也全部歸屬國道5號。

　　從北宜公路、蘇花公路一直到南迴公路,不論是開路的過程,或在開車的旅途上,每一段路都是艱辛的挑戰。開路難,行路也難,深山裡開鑿的迂曲道路,便利了交通;但對駕駛及乘客而言,迂迴的山路以及長時間的車程,對精神、體力甚至駕車技術都是挑戰。一直以來,台9線不斷有改善工程在進行。北宜公路因為有了國道5號的雪山隧道,所以除了早年的拓寬外,路線本身沒有太大的調整。蘇花公路最初是行駛在山崖下的臨海處,而

台9線南迴公路段。

台9線蘇花公路東澳路段所見的中央山脈主脊起點「烏岩角」（最左處）。

台9線南迴公路的臺東海岸路段，多以縱貫海岸線的高架橋拓寬。

後於清水斷崖開鑿公路，但為了行車安全，又逐漸以隧道來取代臨崖之路，最後則是進行中的「蘇花公路改善工程」（簡稱蘇花改），利用更長的隧道避開全線的崖邊危險公路。

　　相較於蘇花公路以隧道取代臨崖路，台9線南迴公路的臺東海岸則多利用縱貫於海岸線的高架橋來代替山中的彎彎小路，部分截彎取直的高架橋擁有四線車道，在海岸邊暢行，有快速公路之感。而安朔至草埔的改善工程正在進行中，預計有四點八公里的長隧道來取代原本峰迴路轉的路。改善工程完工後，台9線的里程將會再縮短五公里。

　　台9線花東縱谷公路連結了花蓮、臺東兩縣大部分的精華區，也是花東

地區最早的縱貫公路。它不像北宜、蘇花及南迴那麼險，甚至還有關山十四公里最直的路段。目前全線仍有許多雙線道的區間，現有的拓寬工程則持續進行中。在本書完成之前，花東縱谷的快速路網仍在討論的階段，先前已有「國道5號花東段」的計畫，目前則另有花東快速公路的計畫，最後的結果會以何種形式呈現，還是未定之數。

台9線花東縱谷的玉里路段常見的行道樹為鳳凰木。

3.3 最高的公路：台14甲線

　　臺灣最高的公路是省道台14甲線，通過標高三二七五公尺的武嶺，是臺灣公路的高點。冬季的大雪常將這條公路妝點成一片白，等到糖霜般的白雪融化後，又換上芳草青青的活力，四季都有鮮明的影像輪替放映著。

　　台14甲線始於霧社，經過清境農場，一路爬上合歡山，再下滑至終點大禹嶺，全長四十一公里，造就了臺灣公路最高點的紀錄，也讓冬天的台14甲線鋪上白雪世界的畫布。為何會有這條高山公路？話說在1950年左右，國民政府一直有興建中橫公路的構想（當時稱為橫斷公路），經過探勘規劃出南北二線，南線即今台14線銅門虛線段，迄今仍未敢貿然開工；北線即今台14線接台14甲，過合歡山至大禹嶺後接台8線，一路通至花蓮。而後確定以北線為主，卻因資金不足始終沒有開工。直到1955年在美援的挹注下再次探勘，經美國懷特公司重新測量後，發現了「新線」，這條新線即今斷掉的台8線，從谷關經德基、梨山至大禹嶺。新線的里程比北線短七十公里，工程

經費因此大減，馬上取代了「北線」，此舉也引起南投、臺中兩縣爭取中橫公路通過的聲浪。1956年7月7日，中橫工程「三線齊發」。除了今台8線的中橫主線和原本稱為北線的霧社支線外，還增加了宜蘭支線（今台7甲）。在前公路局工程師林則彬的帶領下，只花了近四年時間，中橫公路主、支線便完工通車（當時的路線標準遠低於今日，路開了，再鋪上碎石即告完工）。雖然工時快，但工程的驚險以及颱風的衝擊，多少生命就這麼消逝了。1959年9月15日《聯合報》第三版報導瓊安、露依絲颱風對中橫工程影響時，有下列這段話：

記者在溪畔途中，遇著四個在西段築路的工人，由合歡山脈的關原，肩挑行李，翻山越嶺從西段步行到東段，在山中盤旋四天之久，方到達太魯閣。據他們談稱：沿線災害情形至為嚴重，山崩、路基塌陷、橋梁沖毀，不要說汽車，連人都無法通過，在山中工作的人員，風災後曾因交通斷絕，糧食不繼，饑餓數天，颱風夜聽說有幾個開路英雄住在山底下的帳幕裡面，結果被山洪沖去，迄未找到屍體，毫無疑問的，他們已經骨埋黃沙了。

台14線昆陽至武嶺路段的草坡大景，四季都有不同的景色。

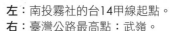

左：南投霧社的台14甲線起點。
右：臺灣公路最高點：武嶺。

　　記者從築路工人的訪談之中體驗開路的艱辛，以「骨埋黃沙」的優美文筆帶過，換成今日，任何一條生命受到威脅、任何工人受到圍困，勢必會有大篇幅的報導，並動用所有社會資源來營救，順便罵一下政府救災無能，對比兩時代對生命處置的不同，令人感嘆。

　　言歸正傳，被稱為中橫補給線或運輸車道的台14甲線，在六十年前中橫公路規劃之初，曾是中橫主線的候選名單（即上述「北線」）。1999年九二一地震後，台8線德基段回歸自然界，台14甲線成為中橫的替代道路，但這替代的名義事實上卻實踐了當年「北線」的規劃。造化弄人，新線崩毀，北線卻屹立至今。閱讀臺灣公路的歷史，猶如一齣精采的連續劇。

　　「武嶺」是臺灣公路最高點，其所屬的台14甲線，自然是臺灣最高的公路。武嶺原名為「佐久間鞍部」，又稱為南嶺，公路通車時改名為武嶺，與昆陽、鳶峰、翠峰同是隨著公路開鑿而產生的地名。「武嶺」一名由何而來？只知命名源由可能與先總統蔣介石有關，我找不到確切的證據，但從舊報紙的資料檢索中，發現有部分線索可證之。一是蔣氏祖籍原為浙江武嶺，唐代才遷至奉化。二是早年蔣氏壽誕時，各界的賀辭開頭都會出現「武嶺」，如1951年三軍代表易國瑞的祝壽詞云：「武嶺峨峨，篤生聖胄。」1962年省議會議長黃朝琴的壽頌云：「祥鍾武嶺，嶽降元良。」雖然合歡山的武嶺沒有明確的文獻說明與蔣氏的關係，但由蛛絲馬跡仍能探知一二。

在合歡山區曲行的台14甲線公路。

武嶺有一座觀景臺可讓遊客及路人登高，臺上有座寫著「武嶺」的地名牌，是早年的地標，站在觀景臺上可眺望台14甲線建築在合歡山主峰稜脊側邊的草坡路段。殘雪的草坡帶著三座形狀相似的山丘，時常成為攝影家取景的目標，下大雪時，這些草坡會變成白色世界，相當美麗。不過武嶺停車場也另外立了一座現代式牌樓，還附上地圖及簡介，儼然已成為新地標了。

台14甲從武嶺至合歡山莊僅約一點五公里長，但這段路卻是雪季時駕駛人心中的夢魘，它在背陽面，結冰迅速，融雪不易，因路面溼滑造成的車禍不計其數，一旁體無完膚的公路護欄最能說明這一切。一旦大雪紛飛、積雪深厚時，別說是人走路有問題，對於行車更是考驗。傻傻不知情的天真駕駛人因為沒有心理準備，車輛不是打滑失控，就是無法爬坡；萬重準備的駕駛人即使加掛雪鏈，甚至換上雪胎，也不少人遭到路況三振出局。昔日合歡山大風口有「鬼門關」的惡名，現在冬季的武嶺至合歡山莊段，應可稱為「惡魔關」了。

臺灣最高的公路也有公車行經，豐原客運6506號，也是最高的公車路線。

3.4 最高的橋：台24線霧台谷川大橋

　　往來桃園與臺北之間，路邊眾柱擎天的雙層橋，獨一無二的視覺震撼，常讓人覺得最高的橋莫過於此；不過五楊高架的橋墩高度為四十公尺，只能排老四。最高的橋墩位於屏東縣三地門鄉與霧台鄉交界的台24線「霧台谷川大橋」。這座橋於2013年10月5日通車，距本書出版還不到一年，是座相當新的橋梁。

霧台谷川大橋全景。

　　近十年來，面對極端氣候的加劇，颱風帶來的豪雨量時常破紀錄，原本寧靜的山區部落，因狂風暴雨及土石流的發生，相繼成為新聞焦點，屏東縣霧台鄉即是一例。台24線公路是聯絡霧台的唯一幹道，日治時期，台24線甚至曾有短暫通車至臺東的紀錄。但現在的台24線僅有的三地門至霧台路段，每逢颱風豪雨就落石不斷，幾處行經大崩壁的路段，已開始興建明隧道，以防落石擊路。至於原本跨越隘寮北溪的第一號橋（伊拉橋），在2009年莫拉克風災時還給了大自然，讓整個霧台鄉變成孤島，只好先蓋一座便橋（伊拉

霧台谷川大橋最高的橋墩達九十九公尺。

便橋）應急，但伊拉便橋只要遇到稍大雨勢，一旦溪水暴漲就無法通行，新橋復建迫如燃眉；只是新橋如果只是原地復建，下次更大的洪水來襲，仍然躲不過被沖毀的命運。為了一勞永逸，新橋直接從溪谷兩山腰之間連結彼此，不再下切至河岸，因此橋梁高度勢必升高，其中最高的一座橋墩達九十九公尺（含地基），約三十三層樓高。想像一下，國、高中時的操場大多有一百公尺的短跑跑道，如果把這條跑道直立起來，大約就是谷川大橋的高度了。如此一來，再大的洪水都不會對橋面造成威脅，除非洪水超過九十九公尺……

　　而近年新建的橋除了愈蓋愈高的橋墩，橋墩與橋墩之間的距離也愈來愈遠，稱之為「大跨距」。大跨距的好處在於減少落墩，降低橋墩被破壞的風險。就谷川大橋而言，橋墩與橋墩的距離達一百四十公尺，其中僅有一座橋墩坐落在河流通過的行水區，即編號P3的橋墩，也是那座九十九公尺的最高橋墩。據聞，施工時，工人從底下攀爬而上，得花二十多分鐘，爬上去之後還得先端口氣才能繼續工作，相當辛苦。

　　霧台谷川大橋不只是高，橋面本身也是彎曲的，以一個大C形的線形掠過山谷，這些都是拜新工法所賜。從橋兩端的展望點，山谷中的弧線之姿，反而比九十九公尺高的橋墩更具氣勢。站在橋上抬頭仰望，橋墩雖高，卻不如國姓交流道眾高墩林立所帶來的視覺撼動力量。也許是兩岸的山勢更宏壯，稀釋了大橋的高度感受吧！

　　早年的山區公路為了跨越溪谷，公路多會想辦法

沿著山壁繞著之字坡下切，通過之後再上切回來，不但繞路，也增加山壁落石的風險。新的工程技術則可克服地形的障礙，並節省里程，谷川大橋是一例，台9線太魯閣大橋也是類似的道理。隨著我們對山路安全的要求日增，未來山區公路也將不斷地改善，類似台24線的橋將會愈來愈多，霧台谷川大橋是臺灣最高橋墩的紀錄，有一天也將拱手讓賢。

霧台谷川大橋的彎曲線形。

3.5 最長的直線道路：台9線關山段

　　有些路特別筆直，尤其是中南部鄉下聚落外的道路，常常是一條比尺還要直的直線道路。而臺灣公路最長的直線位於台9線的關山，北自三百二十九公里處的德高開始，終至鹿野鄉三百四十三點五公里處的武陵，全長計十四點五公里。

　　這段筆直的台9線路幅並不寬，僅約二十米，布設雙向道，沿途所經的多數地區均為曠野或果園。路廊比較靠近中央山脈，所以面對著中央山脈的大山，比起東邊的海岸山脈要近且大。德高段路旁為卑南溪的沖積平原，偶有高壓線塔橫跨其間，極目所望皆是一片盎然的綠意。

台9線關山路段，十四公里長的直線。

　　武陵至關山這一段，小丘遍布，因此造就出高低起伏的公路層次，又為了避免過於陡險的爬坡道，部分過高的小丘只好被削成一條條的地塹，台9線便在這些地塹與地塹之間奔走。

　　東部公路人車均少，開車時不知不覺間，油門容易踩得深，但雙向二線道的路幅卻也是常態；為了安全因素，中央分隔區均加寬處理。西部公路的中央分隔線大多是雙黃線或黃虛線，另一種較少見的網狀黃線在台9線花東

段卻是主流，它的功能等同於雙黃線，也就是禁止超車。

　　臺東縣關山鎮市區，就在這條最直公路的範圍裡，不曉得長年居住在關山的民眾是否知道門前這條路正是全臺灣最直的公路呢？關山火車站也在附近，除了買個鐵路便當之外，也可以順便在關山環鎮自行車道享受慢活的步調，尤其夏季時作為堆肥植物的油菜花田盛開，黃澄澄一片花海足以令人忘卻所有的煩惱。

　　關山鎮南由南而北行，一路下坡，反之則是一路上坡，各種視角都有獨到之處，且台9線筆直的樣貌剛好可以盡收眼底，尤其是從南向北望，除了公路延伸到看不見的盡頭外，關山縱谷的風情也盡收眼底，可惜這裡沒有瞭

上：關山市區即位於台9線最長的直線路段中。
下：帶有地塹路段的台9線一望無際的直線。

望臺。早期臺灣公路資源都偏向實用導向，導致忽略了更富人文深意的文化層面；近年來在幾場公路總局所辦的公路迷座談會促成下，已催生了幾個公路地標，例如，臺北市的公路原點、各重要公路的中文名稱告示牌等。其實對公路而言，立個小碑、設個小牌，就能被收藏於旅人一輩子的回憶及留念檔案裡，例如，武嶺的標高牌就常是合影留念的地方。如果在台9線最長直線的制高點設置一座小亭，或者是「臺灣最直公路」的裝置藝術，相信國人對於臺灣公路的認識，將不只是輪下的柏油路面而已。

　　地廣人稀的北海道直線公路非常多，最長的甚至達三十公里，因此日本政府便在該直線路段的起、終點設置告示牌，告訴大家這條路的價值和特色，告示牌也成為每個觀光客駐足留念的地方。為了防止駕駛人睡著，北海道甚至有「音樂公路」，在柏油底下埋設感應器，若車子偏離主線，音樂就會中斷。這也說明了直線公路的風險：太過單調的直線容易讓駕駛人被催眠，而陷入疲勞駕

最長的直線公路也有茂密行道樹的綠意。

駛，甚至神遊狀態。所以一般公路多會帶點曲線和起伏，不至於像台9線關山段這麼筆直。有機會走一趟花東縱谷公路時，到了關山，別忘了感受這條最長的「直線」。

3.6 最高的交流道：「橋聳雲天」國道6號國姓交流道

　　台24線霧台谷川大橋通車前，國道6號的國姓高架橋曾是全臺灣最高的公路橋，最高橋墩為七十公尺，整座高架橋的平均橋墩高度也有五十五公尺。在2012年高快速公路八景選拔活動中，我命名並推出的國姓高架橋「橋聳雲天」，榮獲票選第一名；在媒體的報導下，引起政府及民間的重視，原本不易抵達的觀賞點已經設立指示牌，還有最佳觀賞點的告示，讓大家可以輕鬆感受「橋聳雲天」的氣勢。

　　國道6號水沙連高速公路從霧峰系統交流道向東行，橫貫南投縣的草屯、國姓、埔里等鄉鎮。埔里為臺灣地理中心，位居盆地，四周環山，且位於西部平原至高山地區的中途點，具有集散地、補給站的地位。國道6號的

連接高架主線及高架聯絡道的高架環道，豪邁地在空中畫出一個圓。

從遠處觀望國姓交流道，東行之後即是隧道。

開通，便捷了南投的交通，但也花了好大一番功夫翻山越嶺，除了眾多的隧道之外，國姓高架橋及國姓交流道堪稱是國道6號最值得稱頌的路段。

　　為何國姓高架橋需要這麼高的橋墩？誠如本書第一章〈愈蓋愈高的高架橋〉談到的，為了克服地形障礙，並減緩陡坡的坡度，因此坡道的長度勢必拉長。國姓高架橋東的國姓1號隧道海拔高度約為二百六十公尺，而國道6號的起點霧峰系統交流道的海拔高度僅有七十八公尺，到了埔里，海拔最高則接近五百公尺，但國姓到埔里僅有十八公里，如果不早一點架高路面的話，

將交流道架設於半空中的國姓交流道。

勢必會產生很陡的坡；所以國道6號從草屯開始就不斷架高，沿著烏溪而建的雙冬高架橋、石灼高架橋都是愈來愈高的橋，由西而東，橋墩高度不斷增加，到了國姓高架橋時，橋墩達到七十公尺的高度，以銜接高掛半山腰的國姓1號隧道。

以往蓋高速公路時，覓地興建交流道是再正常不過的事，但假如沒有地了怎麼辦？例如，國姓交流道附近只有山谷，沒有適合的地方，於是設計單位向天空打起了主意，直接把交流道架在半空中。國姓交流道的地點即國姓高架橋的東端，於是交流道的匝道、環道、聯絡道也隨著國姓高架橋高掛在山谷的立方空間裡。即便國姓高架橋第一高的寶座已讓給了霧台谷川大橋，但設在國姓高架橋的國姓交流道，仍保有最高交流道的身價。

國道六號國姓交流道下方林立的超高橋墩可感受橋聳雲天的氣勢。

　　因為交流道高掛半空，從地面可以清楚瞻仰交流道的匝道、環道及高架
聯絡道的身影。細的匝道、粗的匝道、並列的匝道、連接彼此的匝道，錯落
有致地在空中擺盪，彼此之間層層相疊而交錯。支撐著它們的橋墩因為高聳
而顯得瘦長，羅列成林，遠看弱不禁風似的，近看才知道它的粗壯是八風吹
不動。連接高架主線及高架聯絡道的高架環道，豪邁地在空中畫出一個圓，
站在內圓形環道下方仰望，天際線如同被畫框限制，框內的藍天白雲隨著日
月星辰的輪轉，成為沒有劇終的動畫。

　　即使國道6號第一名的橋墩高度已被霧台谷川大橋取代，但親臨現場所

感受到的視覺力量，山谷裡形單影隻的谷川大橋卻遠不及國姓交流道的眾高架匝道、環道成林。可是行駛在國姓高架橋、交流道的路面上，卻完全感受不到這股力量，所謂「不識盧山真面目，只緣身在此山中。」駕駛人無須擔心這半空中的高架橋及高架匝道會造成懼高的心理壓力。在路上所見，只有路面和兩旁美麗的山谷而已，兩側的護欄早已將居高臨下的風景給遮擋住，除非走到交流道下方的地基處，才能真正一覽國姓交流道的力量。

行車在國道6號國姓高架橋上，不會感受到橋的真正高度。

3.7 最高的雙層高架道：國道1號五楊高架

沿著國道1號兩旁邊坡而建的五楊高架橋，總給人一種拔地而起的高壯之感，行駛在國道1號主線，看著兩岸如高牆般的高架橋，甚至會帶有些許壓迫感。如果駕駛在五楊高架上方，到了幼獅路段，還能感受得到所處位置的「高」，甚至有人因此嚇得懼高症發作。不過五楊高架並非全臺灣最高的高橋，四十公尺高的橋墩只

拔地而起的五楊高架橋。

五楊高架橋泰山林口段的大偏心單柱雙層高架橋。

能排第四,究竟五楊高架為何會在視覺上產生這些「高高在上」的效果?

　　五楊高架在林口至泰山路段,原本分布在主線兩側的高架橋,東側(北上)方向的高架橋突然跨越主線上方,往西側(南下線)這邊靠攏,兩條路線合併為雙層的高架橋。而這雙層高架橋的設計在國內亦屬創舉,大臺北地區的環東大道、台1線新莊段的高架橋、台61線臺北港路段,都是雙層高架道路的設計,這些雙層橋皆為門形(ㄇ字形)雙墩形式,因此行駛在下層橋時,感覺如明隧道般。五楊高架的雙層橋則是「ｒ」形的不對稱設計,以單一墩柱撐起雙層橋面,上層是一般橋梁的樣式,下層置放在橋墩單側延伸的空間,就像一個人雙手捧物之形,展現了工程的力學之美,這種橋梁稱為「大偏心單柱雙層高架橋」。

　　設計這種不對稱的雙層橋主要原因在於用地問題,因為北上側的地質不穩,且有大窠坑溪的生態問題,無法坐落單純的門形橋墩,只好利用南下側有限的邊坡空間擴建。單一橋墩支撐雙層的高架橋面,車輛行駛在第二層的南下線時,視線較為開闊,避免了門形雙層橋的隧道效應。但對於底下主線行車的車輛,卻是另一種視覺上的壓力。雙層橋體本來就會讓人覺得特別高壯,加上四十公尺高的橋墩,讓這座高架橋顯得特別壯碩;單一橋墩支撐著雙層寬大的路面,地基卻緊鄰著主線旁,才會讓用路人對這座高架橋特別有感覺。再者,林口

偏心雙層橋,上層可以直覽下層的路面。

大部分的雙層橋多是以ㄇ形架為主，圖為台62線（上層）
及國道1號八堵交流道匝道（下層）。

泰山段的高架橋北上線二度跨越了主線，第一次跨越主線是為了要和南下線
共構為雙層橋，第二次跨越則是告別雙層橋。兩次的跨越橫越了主線上空，
也讓底下的人感受到高度的震撼。雖然五楊高架林口泰山段的高度排不上最
高橋墩的前三名，若只論「雙層橋」而言，無疑是第一；就工程及設計而
言，在臺灣也是首見。

　　比較早蓋的汐五高架橋，不像五楊高架必須面對許多坡度的起伏，也就
沒有高度的感受。新建的五楊高架橋除了利用高橋減緩坡度外，還得跨越機
場捷運，以及機場系統交流道的國道2號、平鎮系統交流道、台66線的高架
橋。換句話說，機場捷運、國道2號、台66線以高架橋的形式跨越原本就有

跨越機場捷運、中山高林口段橫渡橋的五楊高架橋。

一段高度的中山高，而五楊高架又必須以高架的形式再跨越於它們上方，層層相疊的結果，五楊高架橋位居第三層，如果換算成樓房大概是超過十層樓的高度，這個連續而密度高的橋墩橋梁，由下往上看，自然會覺得高度驚人。

　　五楊高架另一個讓人感受到「高」的地方是楊梅幼獅段的高架橋，這段路的橋墩略低於林口段，僅三十公尺高，卻讓人特別有感覺。不但由下往上望可感受到它的高，就連行駛在高架橋上方的車輛也明顯感覺自己的高。北上方向可以看見前方的爬升坡，南下方向則是居高臨下，除了看見前方路的高度，還能看見下方平面主線的路面，以及對向高架橋高高的橋墩，這些視

野無時無刻不在提醒駕駛人：現在是很「高」的！

　　此外，如果遇有轉彎處，視角上看得見對向高架橋之高時，也會再一次提醒駕駛人現在的「高度」。這也就是為何行駛在五楊高架橋上時，會特別明顯地感覺居高臨下，反而國道6號國姓高架橋、國道5號烏塗溪橋，甚至最高的霧台谷川大橋，儘管橋墩高度都比五楊高架橋多出許多，卻不覺其高。這些高橋的雙向車道等高，周邊風景只有山，用路人不容易發現所處的高位置。但五楊高架橋因為路線長，加上因地形產生的視野，容易讓人察覺到「高高在上」。若是懼高的駕駛人應盡量避免行駛五楊高架橋，但行經國道5號、國道6號則是可以放心的。

五楊高架楊梅路段不但居高臨下，且能看見底下的中山高
及另一側的高架橋，讓駕駛人對高度的感受特別明顯。

3.8 最長的公路隧道：國道5號雪山隧道

　　國道5號的雪山隧道長度十二點九公里，將近十三公里。就公路隧道而言，是亞洲第二、世界第五長。雪山隧道原名「坪林隧道」，早在1982年就開始可行性評估，當時的計畫稱為「南宜快速公路」，以省道快速公路的形式建構出臺北、宜蘭之間的快速通勤路線，最後從眾多方案中，決定了現行的「南港－坪林－頭城」的路線。直到1990年7月，南宜快速道路升格為北宜高速公路，隔年的1991年，坪林隧道開工，預計完工日期為1998年，但

雪山隧道南下線東口。

是直到2004年才打通隧道，2006年6月才正式啟用，工程時間長達十五年之久，比原訂的六年完工整整多出一倍半的時間。

　　難道長隧道這麼難挖嗎？最主要的因素其實是雪山本身的地質。以世界最長的公路隧道為例，挪威E16公路的洛達爾隧道二十四點五公里長，開工日期晚於雪山隧道的1995年，完工日期卻早於雪山隧道的2005年，只花了五年時間就通車；中國大陸的秦嶺終南山公路隧道開工日期在2002年，完工日期是2007年，十八公里的長隧道花了五年完工。至於臺灣本身，長隧道不是沒有先例，但大多是鐵路隧道，例如，長達十公里的新觀音隧道，1996年開工，2001年貫通，2003年完工通車。日本的鍋立山鐵路隧道僅九公里，卻遇到泥火山地質，工程長達二十二年，還遭遇多次停工。而雪山隧道長達十六年的工程也有類似的情況。

　　至於雪山隧道的挖掘，自從開工之後，常常會傳出大湧水、崩塌、隧道鑽掘機(TBM)卡住受困等新聞，工程中也犧牲了十條生命。根據現有資料指出，雪隧所遇到的困難地質包括六個斷層帶、九十八處剪裂帶及三十六處地下湧泉，其中還有比鋼還硬的四稜砂岩層，導致鑽掘機無法順利工作。隧道鑽掘機是一部和隧道一樣大的機器（可依隧道的大小量身訂做），前方

雪山隧道內的明亮設備與彩繪是長達十五年艱辛的工程所換來的成果。

有旋轉鋼片，主要功能是用來挖隧道。目前全世界大多數的地下鐵都會使用鑽掘機來開挖，包括臺北和高雄的捷運，因為鑽掘機可以像地鼠一樣穿梭在地底，不影響地面（臺鐵的地下隧道則多採用明挖覆蓋法，意即直接開挖後，再將地面層覆蓋上去）。不過鑽掘機造價昂貴，每部機器動輒上億，雪山隧道將近十三公里長，分為南下、北上以及導坑等三座隧道，所以購置了兩大一小總計三部鑽掘機來開挖。假設工程一切順利，理應可以很快完成鑽掘，但是面對蜂擁而至的困難，讓鑽掘機動彈不得，北上線的鑽掘機只鑽了四百五十六公尺，還沒完成它的任務，就遭到土石掩埋而報廢，最後的十二點四公里只好改以傳統的火藥鑽炸的方式繼續挖。

其實雪山隧道並不是只有一座穿越山脈的隧道，它包括了好幾座隧道孔。在上文提到，雪山隧道分為南下、北上及導坑三個橫貫的隧道，除此之外還有垂直的「豎井」、橫貫南北雙向隧道的「橫坑」，以及平行雙向主隧道的「導坑」。整個來看，橫的、直的、豎的孔都有，在雪山山脈裡由 x、y、z 軸構成的三元隧道模組，總計高達五十八座隧道孔，是全世界公路隧道規模最大者。其中雙向車道分別使用獨立的隧道孔（即雙孔隧道），也是最主要的孔，兩孔之間的距離為四十至六十公尺遠，且雙向隧道長度略有不同，南下往宜蘭為十二點九百一十七公里，北上往臺北為十二點九百四十二公里，合併統稱為十二點九公里。與雙向隧道平行的還有一座「導坑」，導坑的位置在雙向隧道的中央下方，距離兩邊的隧道各二十九點五公尺。導坑是最早開工的隧道，開挖的直徑比較小，但仍可容一輛消防車通過。導坑的作用在於探測地質，類似先遣部隊，導坑本身的鑽掘機也遭遇到不少麻煩，最後也使用了鑽炸法施工。雙向隧道計有二十八座橫向的人行橫坑及八座車行橫坑聯絡導坑，所以完工之後的導坑身分即為消防緊急通道。又因橫坑眾多，每隔三百五十公尺就有一座人行橫坑，對路人而言，假設從橫坑與橫坑

宜蘭頭城的雪山隧道導坑東口。

之間的中間點開始跑，最多只要走一百二十五公尺就能抵達人行橫坑，當然隧道內一定會有指示最近橫坑的方向。2012年5月的巴士與貨車追撞事故，即造成雪隧大火，幸而人行橫坑及時發揮作用，讓用路人能在第一時間緊急避難。

　　除了人、車可使用的隧道，為了安全及通風，雪山隧道還有許多空氣專用的隧道，最著名的就是「豎井」。何謂豎井？意即從隧道往頂上的岩層打一條垂直的隧道，作為進氣、排氣之用，所以隧道頂上的山有多高，豎井就得鑽多深。有了豎井，隧道內可確保空氣比較新鮮，雖然仍不免悶熱，但至少人可以正常呼吸。雪山隧道共有三組豎井，每組豎井有進氣井、排氣井各一座。其中一號排氣井深達五百一十二公尺，高於臺北一〇一的五百零九公尺，其餘的豎井除了二號之外，都是四百七十公尺以上的深度。另外還有許

多大小不一、功能不同的橫向通風隧道，這些通風隧道總共有十八座，合併人行、車行隧道則有五十八座，橫直隧道的總長度共達四十三點八公里。

　　雪山隧道將臺北、宜蘭的距離拉近了，同時肩負東部運輸的主要功能。一座長隧道看似只要鑿兩個孔洞，實際上卻是由大小橫豎總計五十八座隧道模組所構築的大工程，再加上長隧道本身的風險，雪山隧道以及臺灣第二長的八卦山隧道，除了嚴格的行車規範外，時常還會有不定時的消防演練，就是為了以防萬一。這條臺灣第一長的隧道，未來北宜直線鐵路若確定要建，「第一」的名號將會讓賢，若僅論公路隧道，雪山隧道仍能保有第一的龍頭寶座。

目前臺灣第一長的雪山隧道，入口非常低調。

3.9 最寬的公路：台1線嘉義市區段

　　若就實際寬度而言，臺灣最寬的路目前均達一百米（即一百公尺，計算路寬時，單位慣用「米」），分別是臺北市的仁愛路、嘉義市的世賢路，以及高雄市的時代大道。臺北市仁愛路是著名的林蔭大道，其中仁愛路三段的路寬含人行道達一百米，不過僅維持了八百公尺長。嘉義市世賢路為外環道路系統，主要路段的路寬均為九十米，以C字形的線形包圍嘉義市西半部，路寬九十米以上的路段計有七公里長，最寬處亦為一百米，與之垂直的自由路亦為九十米大道，其餘的友忠路、友愛路、四維路、重慶路等道路，也都是路寬五十米等級的大道，多數集中在西區。高雄市的時代大道路寬一百米路段僅維持了三百公尺長，且兩側路寬大多是綠帶，主線道路僅有三十米寬。不過縱橫高雄市區的多條幹道皆有五十米以上的寬度，是大家公認的寬路之城。只是以上所說的仁愛路、世賢路、時代大道並不屬於「公路」，而

是市政府轄下的「市區道路」，所以只能稱為「最寬的馬路」或「最寬的道路」。

　　若就「公路系統」而言，最寬的公路仍坐落在嘉義。嘉義市區的省道台1線在嘉北車站一帶（忠孝路），以及北迴歸線一帶（嘉義市博愛路二段、嘉義縣水上鄉中山路三段），路寬達九十米，只比仁愛路、世賢路少了十米，就路寬而言是排第二，但屬於臺灣最寬的「公路」。這兩段九十米路寬的台1線路段，分別維持了一點六及一點八公里。

上：嘉義市忠孝路九十米的路寬是臺灣最寬的「公路」。

下：嘉義市世賢路，路寬達一百米。全段亦均達九十米寬，是臺灣最寬的道路之一。

左：世賢路為林園大道，路雖寬但綠帶也寬，車道僅維持三線及一條公車專用道，因此不會覺得特別寬。

右：台61線臺中梧棲橋下平面段，雖然只有五十米寬卻劃了雙向十二個車道，讓人感覺特別的寬。

　　行駛在這些極寬的馬路上，有時反而不覺其寬大，因為多數路寬九十米等級的道路多會結合帶狀的綠帶，形成「林蔭大道」。易言之，這些寬大馬路的分隔島也相當寬大，並植有許多綠樹，分隔島本身也是公園，而帶狀公園的綠帶也是天然的隔音牆，將快車道的吵雜用帶狀的樹林隔絕。所以實際給車走的路，快、慢車道加起來可能只有路寬的一半，自然不會覺得它們特別寬。

　　如果路上沒有太多分隔島及行道樹，直接將寬大馬路劃分成一堆車道，常常會給人一種馬路很寬的錯覺。台61線梧棲區的橋下平面段路寬雖僅五十米，除了中央分隔帶，其餘都被鋪上柏油並劃設車道，最寬處劃了雙向十二線車道（單向六車道），少了綠帶就會讓用路人對「寬」特別有感；若將高架橋上的雙向四線道計入，就「立體」的角度而言，雙向高達十六線車道。但雙向十六線車道不只於此，台74線臺中南屯、西屯路段平面路寬達八十米，雙向十線車道（快、慢車道合計），再加上高架主線的雙向六線道，合計也是十六線車道。

　　另外，國道1號林口路段的爬坡道中央分隔帶特別寬大，若包含兩側拓建的高架路段合計其寬度，整條路廊最寬處為一百一十六公尺；其中主線路段雙向十線車道（含爬坡道），再加上拓建的五楊高架橋雙向六車道，合計亦為十六線車道。不過認定馬路寬度時，大多僅採計實際路寬（包含分隔島綠帶），高架部分通常分開計算。雖然國道1號林口路段的路廊最寬處達一百一十六公尺，但畢竟是加上了高架拓寬處，並未如仁愛路、世賢路等一氣呵成。若就立體化的觀點而言，國道1號林口路段也是另類最寬的公路。

國道1號林口路段合計五楊拓寬段，路廊達一百一十六公尺寬，且隨著山勢層疊。

3.10 最原始的碎石路：縣道197線

　　臺灣公路的鋪面主要為瀝青混凝土鋪面，即俗稱的柏油路；另一種是使用於加減速頻繁路段且路面較硬的水泥鋪面。而在柏油路尚未普及之前，大部分的公路鋪面都是細碎的石子所鋪成，隨著瀝青鋪面逐漸普及，石子鋪面開始慢慢從西部消失，只剩下高山及東部的偏遠路段。當高山及東部的公路也開始鋪上柏油路時，有一段路卻一直保持著石子路的原始風貌，彷如時光凍結了一般，它就是縣道197線。

　　在東部的縱貫公路系統中，沿花東縱谷谷地而行的是台9線，沿海岸山

縣道197線十四公里區間的碎石子路保存了早期公路的原始風貌。

脈東側太平洋岸而行的是台11線，串聯了花東地區山海二線的各大景點。除了這兩條縱貫公路外，還有二條沿海岸山脈西側山區而縱貫的公路，在花蓮縣境為縣道193線，臺東縣境則為縣道197線。這兩條公路大多行經人煙稀少的地區，偶爾經過小部落，路幅亦窄，大多維持著六至八米的路寬。其中的縣道197線自臺東縣池上至臺東市與卑南鄉交界的石川，全長將近六十公里，因地處偏遠，多行經山路，車輛亦少。其中鹿野鄉的寶華至延平鄉的鸞山，有著全程十四公里的碎石子路面，這十四公里路均在山區，沿著曲折的海岸山脈西麓逶迤蛇行，沿途沒有任何聚落及民宅，也罕見人車，因為路面由一層厚厚的碎石子鋪成，碎石本身相當鬆動，對車輪而言毫無支撐力，車

碎石路面相當難騎車，就算是開車也無法開快，行經時需小心。

連小橋也鋪滿了碎石的縣道197。

輛行駛在上面顛簸難行，更別說是騎摩托車及腳踏車。

　　我第一次將摩托車騎進碎石路段時，還不適應碎石路騎法，猛催油門卻讓後輪不斷空轉，連帶向後噴了許多石頭，差點打滑摔車。面對這種毫無抓地力、後輪猛打滑的路況，真有些驚慌失措，但基於挑戰全程的夢想，硬著

雖然縣道197為碎石路，但邊坡養護及護欄均相當的現代。

頭皮騎到底。這段碎石路的全程幾乎是雙腳放下，輔以「腳力」讓摩托車勉強前行，如果是碎石鋪面比較薄的區域，車行速度可加快；若是碎石鋪面非常厚的地方，甚至連下車牽車都困難，有幾度甚至騎在路旁山溝旁露出混凝土的地方，這十四公里路只能維持時速十到二十公里的極慢速度前進，

花了一個多小時才騎完，而且身心俱疲，不過卻小有成就感。公路總局在碎石路的起、終點處均立牌警告「碎石路面十四公里，請小心慢行」。

這十四公里因為人煙稀少，沒有聚落，仍保有原始的自然風景。有時轉了一個彎之後，公路竟掛在棕褐色的壁崖腰間，有時又進入了原始森林中，整條公路成了綠色隧道。雖然路面的鋪面由碎石子構成，但不代表是因政府沒錢才鋪碎石。縣道197線不管是山坡地的養護、護欄的設置，均不馬虎，所以關於這段碎石路的保留有兩種說法：一為地質說，因為行經路段地質脆弱，容易坍方，若鋪柏油的話，也許很快就要重鋪，乾脆鋪碎石；二為保留說，因為這是全臺灣僅有的碎石子路，加上沿途無聚落民宅，為了讓僅存的「公路活化石」不消失在歷史中，所以維持著原本的樣貌，不進行瀝青的鋪設。

火車有蒸汽車頭的動態保存，當然公路也能有碎石子路的動態保存。我認為保留說應該是主因，畢竟這段路早已有既直且寬的台9線公路可替代，就算鋪了瀝青也少有人車會利用這段路，而碎石子路留著，對臺東縣而言，無疑又是另一種觀光資產，近年來不少愛好挑戰的單車騎士也常將縣道197線列為征服的對象。不論如何，請公路總局及全國民眾一定要好好珍惜這十四公里的碎石路，它是臺灣不可多得的公路文化資產。

掛在山崖旁的縣道197。

Chapter 4

旅行公路

擠一段小假期給自己
以任何方式，旅行在公路上

4.1　一起來環島

　　當我們登上一座小島時，遊覽的方式往往是繞它一圈，環顧四周的風情，因此大部分的島嶼都會有一條環島路。臺灣本身亦是一座四面環海的島嶼，只是面積比一般小島要大得多，不變的是「環島」這個概念一直深植於人心，政府主導的交通建設多以環島為主，例如，環島公路網、環島高速公路網、環島鐵路網、環島列車等。這種「繞一圈」的特殊心理狀態也常見於本島旅行中，大家常聽到「環島」這個詞，卻是百環不厭，畢竟臺灣的面積雖然不算大，但仔細品嘗時又嘗不盡。先不論環島本身所見的文化層次，不同季節、不同氣候中，同樣的公路上也會產生截然不同的視覺效果。於是，有人開著休旅車載著一家老小去環島，有人為了放鬆心情去環島，有人為了測試汽車油耗開車環島，有人騎著摩托車環島，有人發揮電影《練習曲》的行動力而騎單車環島，也有人穿上直排輪、溜冰鞋環島，就算沒有交通工具，步行也能環島。

　　搭火車靠著不出站只換車的方式，一天一夜即能環完整個鐵路網。若換成搭公車，要銜接的路線更多，蘇花段甚至無公車可通，必須搭乘一天一班車的花蓮梨山線，再換乘梨山宜蘭線，付出的時間和經費成本更高。有人環島所花的錢比出國還多，一路上吃香喝辣，住五星級飯店；有人只花不到千元，借住學校、香客房完成克難式環島。不論如何，環島是每個臺灣人一生中必定要參與的事情，也象徵著臺灣精神，它沒有任何限制、沒有任何形式，可以很簡單，也可以很複雜；可以很便宜，也可以花大錢；可以說走就走，也可以精心籌備再整裝出發。

　　本書內容以公路為主，談到環島，當然也限於公路本身。不過公路能承載的交通工具非常多元，任何能跑的東西，只要合法就能上路環島。即便文

章談的是公路，但對於汽車、機車、自行車以外的運輸工具，皆能參與這項盛事。

　　臺灣公路網遍布本島十九個縣市三百五十四個鄉鎮市區的大小角落，在環島的規劃上，首先就遇到一個有趣的問題：環島的定義究竟為何？傳統的

我2006年騎機車半環島行程，在武嶺慘遇大雨的紀念照，結束後以公路為主題撰寫文章在網路上連載，奠下部落格「新南極轉運站」的基礎。

路線台1線全段加上台9線全段，即能從臺灣頭、臺灣尾環繞一圈；可是細審台1線及台9線的路線，有些路段和海岸線仍有一段距離，這個環並不是最大環，但也能組成一個圈圈。我們把這個圈圈縮小，小到繞行一個鄉鎮市區、自己住的社區，甚至是跑操場一圈、自己原地繞一圈，也不能否認這是環島，它們都具有環繞一圈的要素，只是相較於台1線加台9線這種幾百公里的環線要短得許多。

　　不論如何，站在大眾認知「環島」的角度而言，我仍需對臺灣的「環島」下一個定義以方便文章的書寫。就一個旅人而言，不管從哪個地方出發，環島必須包括西部縱貫、東部縱貫，以及北端迴轉、南端迴轉等四大要素，才能符合大多數人對環島的概念。如果沒有經由南、北二端的迴轉，從中央山脈的橫貫公路切過，再從南、北其中一端繞回原點，即使也是一個環線，但並未完成東、西部的大縱貫，我們不會將這樣的路線稱為「環島」，通常僅視為「半環」，如北半環、南半環等。

　　我接下來將簡單介紹二條主要的環島路線，包括「簡單環島線」、「濱

海環島線」。其實環島的方式千變萬化，拿出地圖在經緯之間都能規劃出不同的路線，例如，有人挑戰縣道環島，有的挑戰鄉道環島，有人刻意避開台1線，利用其他縱貫省道線來銜接，或者全程都走山路，從西部利用台3線乃至於更深山的台21線來做縱貫，東部則利用台7線搭台8線代替蘇花段等山林環島線，甚至搭配北橫、中橫和南橫，來一趟8字形的終極環島。

■ 簡單環島線

　　最通俗、最省事的環島路線就是台1線搭台9線，一路上認明藍色的盾牌1和盾牌9就能輕鬆環完臺灣一圈。如果是開車的話，西部通常會改走國道，甚至直接略過西部，而把環島的目的只放在東部縱貫，以此方式相當可惜。

　　台1線具有臺灣公路的歷史地位，在高速公路完工之前，它是臺灣陸路運輸的主要幹道。西部縣市除了南投之外皆有台1線縱貫的身影，沿途串聯的有大城，也有小鎮，要在環島的行程中一口氣逛遍所有鄉鎮市確實不太容易，大多會挑幾個有特色或主題的地方為主，其中又以美食為大宗。如果是騎機車、腳踏車環島，不少人選擇挑戰台1線從頭騎到尾（但臺北車站前的忠孝西路禁行機車，得想辦法繞過去），但多數市區的台1線多改走新建的外環道，一方面可以節省旅行的時間，也錯過了熱鬧的市區。

　　至於台9線，幾乎每一個路

簡單環島的台1線配台9線，彼此的起、終點亦相同。圖為臺北市行政院前公路原點的台1線、台9線的起點。

左：臺北車站前的忠孝西路的台1線。
右：台9線蘇花公路是蘇花間唯一路廊，路小車多砂石車也多，若是騎機車、單車者，需要格外小心；不論大小車，每位駕駛都有注意、照顧用路人的責任。

段都是故事，每一個地點都是景點，在「最長的公路」一節中已詳細說過，這裡不再贅述。對於「踏破」有執著的旅人而言，台9線沿途的北宜公路、蘇花公路、花東縱谷公路、南迴公路，都是環島過程中東部必經的路線。比較有趣的是，台9線在花東行經的是縱谷路段，俗稱的山線；但與台9線平行的還有台11線，行經海岸山脈東側，俗稱海線。山線、海線各有千秋，因此台9線、台11線的分岔點，常常成為環島旅人的抉擇點。

■ 濱海環島線

台1線配台9線的環島方式雖然通俗，但對環島有終極想法的旅行玩家來說，可能無法滿足，畢竟環臺皆海也！更有意思的是，臺灣的海邊大多有公路沿著海岸線而行，所以構成一條濱海的環島路網。有時間、有毅力的話，不妨來一趟濱海的環海之旅。

濱海路線在北迴的部分為台2線濱海公路，從淡水到蘇澳均貼著海岸而行。蘇澳至太魯閣得接上唯一的路廊台9線蘇花公路，抵達花蓮新城後，必須由南三棧接上縣道193線，這條路廊在花蓮市以北皆貼著海岸線而行，且

台11線除了臨海，偶爾還會遇到別致的景色。圖為花蓮豐濱的太陽花海與太平洋。

會經過有名的七星潭。至於花蓮至臺東，可再由縣道193線接上台11線海岸公路，到了臺東再接回台9線的南迴公路，一路至臺東縣達仁鄉安朔村之後，照理可接上台26線，台26線原本的規劃即貼著臺灣南端的恆春半島海岸線而行，但因為東岸路廊的阿朗壹古道及南仁湖保護區是臺灣最後一塊未被公路侵略的淨土，目前暫緩興建，所以必須先行台9線至壽卡，再轉縣道199甲東行至旭海，接上失而復得的台26線。台26線從旭海至港仔段好比是南部的小蘇花，在上文「險峻的懸崖路」已略其大要。不過台26線至港仔之後，道路又中斷，得再接上縣道200線轉縣道200甲，於佳樂水再接回台26線，再一路南行，此段的台26線也是濱海南部迴轉的道路，從東海岸太平洋經巴士海峽至臺灣海峽，著名的墾丁大街就在台26線上。

眾所皆知，臺灣地圖的最南端有二個歧角，東邊的歧角即鵝鑾鼻至佳樂水，海岸線有台26線公路；西邊的歧角為貓鼻頭，台26線並未行經，但有一條鄉道「屏153線」繞著西歧角海岸線而行，稱為「西海岸景觀道路」

台26線南田至旭海為阿朗壹古道，是臺灣最後一塊未被公路侵略的淨土。

或「恆春海岸公路」。屏153線從南灣核三廠附近的「馬鞍山」台26線進入，全段路況良好，雖然僅雙向二線道加上機車道，但人車均少，一側臨著小山丘，一側不時可見到極藍的海洋，一路駛來相當愜意，是條可以放鬆身心的舒活公路，並可順道至後壁湖吃海鮮，或至貓鼻頭與鵝鑾鼻遙遙相

恆春半島濱海環線示意圖

望。從貓鼻頭開始，屏153線由巴士海峽拐進臺灣海峽，沿海而行，在車城的海生館附近接上台26線，回到屏鵝公路。

　　濱海環島的北迴、東部及南迴海濱都具有一定的名氣，但西部濱海路網就不甚響亮了。在縱貫省道中，南北縱貫的台1線、台3線是最主要的縱貫系統，此外還有靠山的台21線，以及靠海的台15線、台17線。台15線北起關渡大橋，南至新竹浸水橋；台17線北起清水甲南，南至枋寮。這兩條公路的中文名稱皆稱為「西部濱海公路」，簡稱「西濱公路」，但興建工程都是慢慢來，一段一段拖了好幾年才完成。而後沿著台15線及台17線的路廊又出現了台61線「西濱快速公路」，踏上老大哥的命運，從1995年開工至今，仍未能全線通車。幸好台61線的未通車路段大多有台15線、台17線可以替代，加上台61線多數路段皆有機車道，路廊又極靠近海邊，尤其是台61線的八里至鳳坑，一路上西側總可看見相隨的藍海。旅人可以將台61線、台15線及台17線互相搭配，完成西濱路段後到了安南區之後，濱海路廊只剩下台17線，一路南行經過高雄市區，最後抵達枋寮，接上同是濱海段的台1線枋山路段，完成濱海環島的壯舉。

　　濱海環島除了最靠近海，一路上幾乎都有海景相陪，也是最大圈的環島路線。我統計單純的台1線及台9線為九百三十六公里，若是走上述濱海環島路線，總路程約一千零四十公里，相較於台1線加台9線多出了一百多公里的路途，但相對於傳統路線而言，能夠真正沿著臺灣海岸走一遭，也是一種旅行的樂趣和挑戰。

台61線與台15、17線分分合合,皆是臺灣西部濱海的公路系統。
圖為台61線的布袋跨港大橋。

4.2 消逝的金九礦業線

　　新北市的瑞芳、九份、金瓜石以及基隆一帶，是早期臺灣礦業的故鄉。這裡因礦業而起，又因礦業而落，進而消逝並沒入歷史的洪流中，直到電影《悲情城市》讓九份紅了，加上近年觀光熱潮的帶動，以及九份迷人的山海美景及礦業文化的保存，讓金九旅遊線成為國際級觀光景點，尤其港、澳及日本的觀光客來臺灣就一定要到九份一遊。

　　在公路旅行的規劃上，礦業風情線可走台62線快速公路，於瑞芳交流道接台2丁線，再於瑞芳市區接縣道102線，至金瓜石轉鄉道北34線，至水湳洞後轉台2線，最後接回台62線，形成一個Ｏ字的環狀路線。

消逝的金九礦業線路線

全線皆在山區的台62線，隧道特別多，施工時還曾遇到廢棄礦坑。

　　台62線快速公路開通之後，對於瑞芳的交通助益非常大。這條快速公路屬於基隆外環的快速路網，並可透過台2己線、國道1號及台62甲線三條高架路線連接基隆市區。不過台62線興建過程並不順利，除了整段路皆處於山區，施工不易外，隧道也相當多，一座又一座，位於瑞芳境內就有三座隧道。隧道工程在施工的過程中，受到「礦業」的影響，雖然臺灣的煤礦、金礦皆已停採，但早年在瑞芳金九山區底下已挖了大量的坑道，這些坑道在山的肚子裡錯綜複雜，當快速公路的隧道工程遇上廢棄礦坑時，就得想辦法克服。所以台62線於1997年開工，2007年才全線貫通，總工程花了十年。

　　縣道102線是通往九份的山道之一，羊腸般的路幅在山區透迤，而九份老街的入口偏偏又在一處髮夾彎道旁，其實和香港的山道非常相似，而且同樣充斥許多公車，只是香港多為雙層巴士，縣道102線的單層巴士略輸一

縣道102線在九份入口前排隊停靠的公車及熱鬧的場景。

籌。除了巴士外，還有遊覽車，曾不幸發生過大
大小小的車禍，行車得格外留心。到了假日時，
縣道102線的人潮、車潮、巴士更多了，大車、
小車一同擠在山道的髮夾彎上，對於臺灣公路而
言也是一種另類絕景；對於九份而言也算榮景再
現。

　　縣道102線過了九份，往金瓜石方向，可接上
鄉道北34線。北34線從九份至山下的台2線濱海公
路的水湳洞，並經過昔日的金礦、銅礦的重鎮金
瓜石，目前有2004年成立的黃金文化園區，至此
可探訪昔日金礦的神祕面紗外，還能循步道登高
遠望雞籠山綿延的「大肚美人山」（山勢狀如仰躺孕婦）。本文的公路主角
北34鄉道就是由大肚美人的頭部下切至水湳洞，途中經過九個連續髮夾彎，
彎道密集，從最上層即可望見千層派般的連續彎路，因此被喻為「金瓜蛇

熱鬧的九份榮景已非當年沒落的悲情城市了。

彎」，並入選為公路八景之一；此外，北34線還經過了昔日的煉銅廠：十三層遺址。沿山坡而建的煉銅廠，黑灰的建築層層相疊，所以被稱為「十三層」，每一層的頂上覆蓋著青綠色的植物，廢棄建築加上一點青，讓這座遺址猶如遭世人遺棄的神祕堡壘；此外，因為硫化鐵礦物氧化而形成的黃金瀑布，以及黃金瀑布下游出海口的陰陽海，也是北34鄉道的特殊景色，公路的終點台2線的水湳洞即陰陽海的所在地。到了台2線濱海公路後，即可西行再接台62線打道回府，或順道至基隆市區一遊，完成一趟礦業文化的公路旅程。

從金瓜石眺望的「大肚美人山」。

黃金瀑布與金水公路。

台2線水湳洞所見的十三層遺址。

4.3 桃竹後山橫貫線

　　從新竹後山到桃園後山的公路，除了著名的縣道118羅馬公路外，還有竹60線及尖石後山沿玉峰溪谷而行的鄉道竹60-1線、桃113線，沿途景觀更勝於縣道118。這條通往北橫的小橫貫公路，每年二月盛開的山櫻花海包圍了許多路段，此時眺望溪谷，玉峰溪多處大曲流地形及河階地，真是讓人嘆為觀止。

　　全境皆為高山地區的尖石鄉，以東穗山為界，分為「前山」及「後山」，串起前山及後山的補給血脈託付給竹60線公路，它的終點新光和附近的司馬庫斯都是知名的觀光部落，連帶使得竹60線的車流量逐年攀升。尖石後山部落另有一條支線鄉道竹60-1線以及桃113線，可連結北橫公路。這條公路西起鄉道竹60線，沿著大漢溪上游玉峰溪谷而行，經玉峰部落後，進入桃園縣境，並繼續通過三光部落，最後抵達台7線北橫公路，全程約二十公

桃竹後山橫貫線路線圖

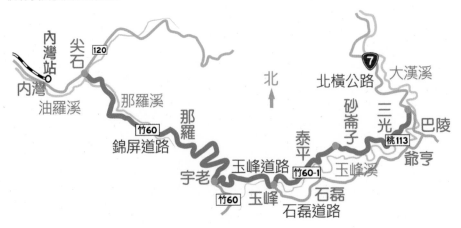

竹60線與那羅溪谷的巨石、絕壁。

里。在新竹縣界為鄉道竹60-1線，又稱為「玉峰道路」；進入桃園縣界後，改為鄉道桃113線。

　　沿縣道120線經過內灣之後，即抵達竹60線起點「尖石大橋」。鄉道竹60線全長達四十七點六公里，是全臺第二長的鄉道（最長的是投89力行產業道路），公路大致沿著那羅溪谷而行，那羅溪亦屬頭前溪水系，是油羅溪的支流，在竹60線上眺望那羅溪谷，彼岸巨石危岩尤其令人讚嘆，尖「石」之名，名不虛傳。無數裸露在陡峻山勢中的岩層，一頁一頁的層岩，堆疊著千億載的地殼歷史。鄉道竹60線就穿鑿在這座崖壁之岸。

　　竹60線途經的那羅部落坐落在夾岸的山谷中。公路從峽谷中的險岸通過後，再一個轉彎便忽見桃源般的那羅部落，不禁想到陶潛〈桃花源記〉所

那羅部落。

說：「初極狹，纔通人；復行數十步，豁然開朗。土地平曠，屋舍儼然。有良田、美池、桑竹之屬，阡陌交通，雞犬相聞。」「初極狹」的路段，即前半段在崖壁穿行的公路；山谷之中的土地平曠處就是那羅部落了。那羅部落非常平靜，就像是一幅畫，忍不住要停車下來享受這般舒暢。東方一座高起的尖峰特別引人注目，這尖峰是東穗山稜線北方一千五百七十五點五公尺的尖峰，但似無名氏，找不到山的名字。沿著公路前進，尖峰愈來愈靠近，仔細一看，尖峰山腰竟有似公路般的建築，這更讓人嚮往了！當時的我不斷思考，這條路如何能抵達？通往何方？後來隨著公路前進的線形，發現它即是竹60線的路基，也就是待會兒要經過的地方，心中的疑問立即化作萬般喜悅。

竹60線的連續髮夾彎道之一。

竹60線公路護欄時常見到藍色的W形塑鋼材質,公路景觀特殊。

通過了那羅部落,竹60線朝著無名小尖峰而去。隨著許多髮夾彎不斷攀升,到了里程十六點五公里處的髮夾彎是展望那羅部落最佳的視野,而且此處正是剛才在那羅部落所望的小尖峰下的路。從護欄的間隙俯瞰山谷,如畫的那羅村已在縹緲之間若隱若現。妙的是,不久前還站在那羅村遠望小尖峰下的公路,一心一意想著要如何抵達,不久後的現在卻已站在方才欲登上的高峰。

竹60-1線玉峰道路時常在髮夾彎有山櫻花鎮守著。

　　到了宇老，竹60線來到尖石的後山。宇老有間派出所和觀景臺，觀景臺可以同時展望前山和後山。前山的山谷是頭前溪水系上游的那羅溪，後山的山谷則是淡水河水系上游的玉峰溪。

　　宇老東行不久即60-1線玉峰道路的起點，直行的竹60線路幅縮小，讓雙向道的竹60-1線反具有主線之姿；接下來的竹60線可繼續通往新光和司馬庫斯，而左轉竹60-1線玉峰道路則往北橫公路而去。玉峰道路因位處深山，且未連接知名的觀光地區，人氣始終低迷，卻因此保存了它的古樸之美，有別於過度開發山林的人工氣息。

　　進入竹60-1線後，公路不斷往下，目的就是下切至玉峰溪的河谷旁。路

玉峰村的山櫻花。

旁盛開的山櫻花，不時在每一個轉角處與旅人相遇，每一次相遇都是一份喜悅。竹60-1線起點到玉峰部落這段路有許多髮夾彎，幾乎每座髮夾彎都鎮守著一株山櫻花，成為玉峰道路最鮮明的印象。

　　到了玉峰村，玉峰道路與石磊道路交會。在玉峰溪谷的兩岸山壁各有一條公路貫穿，北邊山坡為竹60-1線的玉峰道路，路況較佳，路幅較寬，高度較低；南邊山坡則為石磊道路，沒有編號，路況差且路幅小，高度爬升到一千公尺以上。兩條路的起點在玉峰村，終點各自錯落在北橫公路上。目前有許多單車騎士會以O字環線來回玉峰道路與石磊道路，可同時享受溪南及溪北的谷地風情。

上：竹60-1線玉峰道路沿山壁架設的鋼梁橋。
下：沿玉峰溪谷而行的竹60-1線。

過了十公里的里程牌沒多遠，掛著邊坡而行的竹60-1線出現一座平行於山壁的鋼梁橋。因為原本的路基被大雨沖刷而流失，於是實施了新的補救辦法。舊式的修復工程多是在坍塌處外築一道新牆，再填入土方成為新的地基以讓公路通行，而新的工法簡單多了，直接引取「架橋」的觀念，索性沿邊坡蓋一座橋就過去了。

過了泰平隧道，來到地質不穩定區，到處可見山壁被補強的痕跡，方才所見的山壁橋梁又出現了，橋底同樣是大紅色鋼梁。站在這壁橋上，山谷下的玉峰溪出現一道大曲流，曲流內側的山丘，圓圓的頭像是土虱，模樣可愛；而下方溪谷靠近山丘處形成陡直的壁面，可見河流仍不斷侵蝕著。

泰平部落之後，竹60-1線終點到了，但路線的終點還沒結束，繼續換上新的編號桃113線往北橫前進，不過桃113線不像玉峰道路有著固定的中文名

玉峰溪大曲流，山丘如土虱般的可愛模樣。　　　　　　砂崙子的山櫻花。

稱。目前從眾家地圖所見，它的名字包括「三光道路」、「砂崙子道路」、「樂砂道路」，Google Map甚至延續「玉峰道路」的名號，一路標到北橫，就連玉峰溪本身也被改為「馬里闊丸溪」，對岸的「石磊道路」也改成「復華道路」，換了一個縣界，所有的名字都跟著改變了。

　　桃113線兩旁不時會出現民宅等建築，來到六公里處，即是「砂崙子」，山櫻花在這裡開得非常豔麗，丰采動人，幾乎達到花海的境界了。當地的原住民說：「早期山櫻花開得更多，幾乎包圍著公路。」

　　桃113線沿途景致（尤其是面向溪谷的一側）有一連串令人驚喜的展望。首先是「爺亨梯田」，這是國中、國小地理課會介紹的景點。爺亨梯田其實是玉峰溪另一大曲流形成的河階地形，只是曲流的幅度較大。因為梯田景色只能遠望，桃113線三至四公里沿線都是不錯的展望點，不同角度有不同的風情，整座爺亨部落和梯田盡收眼底。如果將鏡頭拉近看，梯田目前以種植果樹和花圃為主，大量的山櫻花當然也不在話下。要觀賞爺亨梯田，如果傻傻地跑到爺亨部落裡，可是一點景觀都看不見的。

　　桃113線接近北橫公路時，山谷中接著再上演另一齣絕美的景觀。大漢溪的上游玉峰溪，曲流非常多，在下巴陵附近，三光溪與玉峰溪一同匯入大漢溪。匯流處，大漢溪至玉峰溪的主線剛好是個S形曲流，站在高處即可看見底下的大漢溪、玉峰溪和三光溪三條河流分處在各自的山丘峽谷中。此外，還有北橫公路上的巴陵橋及巴陵二號橋，巴陵橋為舊線橋梁，屬鋼索式吊橋，鮮紅的顏色在完工之初即成為地標，新建的巴陵二號橋為淡紫色鋼拱橋，同樣以大跨距的方式橫跨大漢溪谷，所以雙橋並峙、三溪交會、眾丘群立成為桃113線的另一傳奇景觀。

　　看見台7線北橫公路，也宣告桃113線到了終點，但壯闊的景觀還沒結

桃113線所見的爺亨梯田。

束，在桃113線與台7線交會處不遠，是大漢溪「巴陵攔沙壩」所在地。2007年，攔沙壩被大自然要回去了，人工壩體抵擋不過山河的搖動，大漢溪恢復了流水景觀，目前僅剩殘破的遺址供人觀賞。

　　這條環線公路可搭配縣道118線羅馬公路或石磊道路規劃成一個環線，不管是從新竹或桃園出發，都能以環線的方式體驗桃竹後山的橫貫之旅。最適宜的旅行時間為冬天，氣候相對穩定，較不易有豪雨造成的落石坍方。如能趁著一、二月之間入山，即能搭上山櫻花盛開的時節，享受深山裡的紅紫雅致。

從桃113線所望的北橫公路新舊的巴陵二橋，以及大漢溪、玉峰溪和三光溪的曲流。

4.4 苗栗中部橫貫線

苗栗中部橫貫線路線圖

　　素有山城之稱的苗栗，因為地形的隔閡，每一個聚落、城鎮之間的往來，都要走上一段山路。其中縱貫的路網拜臺灣南北縱貫線所賜，苗栗擁有台1線、台3線以及台13線等縱貫路，串聯苗栗的西、中、東三條縱貫線的帶狀發展，其中西線濱海以台1線為主；中線及東線位於山區以台13線、台3線為主。至於橫貫的路線則以沿著後龍溪岸而行的台6線為主，2003年開始，同樣沿著後龍溪而行的台72線快速公路陸續通車，打通了苗栗的橫貫快速捷徑。

　　台72線始於後龍鎮，在起點不遠處，沿台6線接台61線至中和交流道，可至「好望角」。好望角居高臨下，大海、風車、火車、良田、聚落，以及後龍溪出海口，奏出一曲躍動於大地樂譜上的交響樂。

　　後龍溪向來為苗栗的橫貫動脈，跨越後龍溪的橋梁中有三座頗具特色，沿著溪堤旁的台72線快速公路東行，即能一覽這些造型大橋。首先是高鐵

後龍好望角。

台72線與一旁的新港大橋。

苗栗站聯外道路的「新港大橋」，它是一座造型非常特殊的斜張橋，三條彎曲的紅色鋼梁組成一個交集，引人好奇。據新聞稿說明，新港大橋為「高鐵奔馳」的意象，讓橋上進入高鐵特區的車輛有種「張開雙臂迎賓」的感覺。不過這「雙臂」神似大象雙耳；拉著鋼索的長梁，一如長長的象鼻。

在頭屋路段，另一座造型橋出現了。雙塔對稱的斜張橋，在國道1號苗栗交流道前後也看得見它的身影。這座「新東大橋」是後龍溪特殊造型景觀

大橋的元老。白天的新東大橋是個規矩
的等腰三角形，夜晚的新東大橋則有五
彩閃耀的霓虹燈，相當炫目。

　　一路來到公館，遇見台72線第一個
平交路口，連續灰色高塔的「客屬大
橋」就在路旁。有別於前二座景觀橋的
斜張結構，客屬大橋為吊橋形式，且具
備三個吊塔，意象為拉繩之牛犁田的樣
貌。灰色低調而優美的造型，雖然不若
新港、新東大橋的大紅色搶眼，卻能靜
靜地融入山景之中。

　　過了客屬大橋之後，台72線開始進
入山區路段，行駛在後龍溪的峽谷之中，
堪稱是台72線最為雄偉的一段。後龍溪
谷既有的台6線走的是北岸邊坡，但路小
落石多，拓寬不易；後起的台72線不選
擇大規模開挖山壁蓋路，而是直接在溪
谷河床建一座與溪流平行的高架橋，類
似台21線陳有蘭溪高架橋的築法，可減
低對山坡的破壞，且能防範土石流對道
路的威脅。於是，後龍溪谷的中上游，台
72線便成了一條活跳跳的巨龍，無視於
山勢的峻峭，恣意盤旋於深谷之中。

　　這段台72線與巨龍神似的原因，除

上：台72線旁的客屬大橋。
下：台72線與紅色雙塔斜張橋
　　的新東大橋。

沿著後龍溪河床而建的台72線。

了盤旋山間的線形，以及巨大的身影外，也和它的橋梁型式有關。由下往上看，台72線高架橋的橋墩細小，橋面卻很寬，就像一個Ｔ字形結構，頂上的橫面如果太長，整個結構便搖搖欲墜，這時我們就會在Ｔ的兩個腋下補上二道斜向支撐架，以利支撐及平衡，遠看便如龍紋般，這種橋梁的專有名詞為「斜撐橋」，工法的主要目的在縮小工程規模，減低對環境的破壞。

　　若行駛在台72線的路上，絕對無法感受巨龍的身影，我們可以由開礦村二號平交路口匝道離開快速公路，抵達「出礦坑」（開礦村）。出礦坑是中油第一個開採原油的油井，有一座油礦陳列館以及舊的纜車軌道，礦區周邊則是因礦業興起的聚落，現已開放觀光，是臺灣少見的油礦風情。如循著出礦坑旁的農路至高架橋底下，即能見到溪谷中的巨龍身影。

台72線橋梁結構屬「斜撐橋」，橋梁有許多斜向的支撐架。

　　從出礦坑再繼續前行，經過汶水隧道後，即來到路線終點「汶水」。汶水有條老街商圈，台72線開通才因交通之便而成為遊人佇足的景點。而台72線終點接上台3線公路，南行即大湖鄉，路的兩旁遍布著草莓園，採完草莓後可以行駛台72線終點稍南的鄉道苗62線「清安公路」。苗62線的路廊延續著台72線的線形，順著後龍溪上游支流汶水溪繼續東行至泰安鄉。

　　苗62線途經清安老街，與汶水老街同是客家聚落。街上彎彎的小路中帶著幾許不經雕琢的純樸氣味，因清安豆腐店而聞名，故又稱為清安豆腐街。清安村又名洗水坑，是泰安鄉行政中心的所在地。街上賣的豆腐料理，像是炸豆腐、黑豆腐、豆腐丸子，或者煎豆腐、藥燉豆腐及涼拌豆腐，不論是哪種烹調方式，均能在齒頰間留下濃濃的豆香味。尤其是炸黑豆腐，軟嫩的黑

上：台72線山區道路為平面式，遇到交流道的紅綠燈必須特別注意。
下：苗62線清安公路的草莓園。

以豆腐聞名的清安老街。

上：苗62線泰安溫泉區的龍安橋。
下：山中起伏的苗62線。

豆腐在一口咬下時還帶有豆香的湯汁，喜愛重口味者可以灑一點胡椒粉或甜辣醬，另有一番風味。還可再來碗客家粄條，尤其是湯粄條，滑嫩細緻的口感配上油蔥、韭菜、豆芽等佐料的湯頭，略為油膩卻恰到好處，與豆腐料理搭配起來相得益彰，吃完豆腐餐，最後再來杯黑豆漿作為ending，人生暢快莫過於此。

　　飽餐一頓後，繼續由苗62線向東行，來到泰安溫泉。泰安溫泉又名虎山溫泉，日本時代稱為上島溫泉，屬攝氏四十二度的弱鹼性碳酸泉，水質清澈，略帶淡淡的礦石氣味，能助人消除一整天的疲累。早期前往泰安溫泉鄉，必須經台6線或台3線等公路翻山越嶺而入，現在只要行駛台72線快速公路，即可迅速將後龍的海景與泰安的山景合而為一，讓假期的時光變得更長，並帶著微笑在苗栗小中橫的公路旅程中寫下句點。

4.5 臺中高速雙環線

　　臺灣的公路建設促成了時空往來的便利，高快速公路網的普及拉近了城鄉之間的距離。臺北市、新北市具有國道1號及國道3號的骨幹，輔以台62線、台64線及台65線，以及市轄的高架道路，構成一個綿密的高架道路系統；而臺中本身雖然沒有市區的高架道路，卻能透過環狀的高快速公路，快速聯絡各區之間的交通。

　　大陸型國家的都市建設常使用環狀的高架路線構築都市的快速路網，例如，北京市有所謂的一環、二環至六環的高架環城公路。臺中市雖然沒有環城公路之名，卻有環城之實（台74線下的平面道路「環中路」，路名也透露了「環繞臺中」的意味）。內圈的第一環為台74線及國道3號的快官霧峰段，外圈的第二環為國道3號及4號構成的C字形半環

臺中高速雙環線路線圖

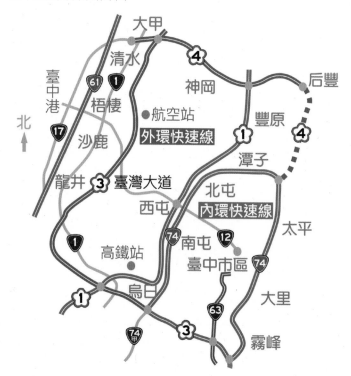

平面命名為「環中路」，高架為台74線的倒U字路網的內環快速線。

線。除了內、外雙環，中間還有一條骨幹道國道1號中山高，以及旁支的台63線中投公路、台61線西濱快速公路。

　　環線路網最重要的功臣即屬台74線，但現在的路網卻和當初的規劃天差地別。台74線原名「中彰快速公路」，顧名思義即臺中、彰化之間的快速路網，北起北屯中清路，平行於國道1號中山高，計畫中到了烏溪之後，路線向西沿著烏溪而行，經過彰化市，直到彰濱的和美。後來這段路與國道3號和美快官共構，雖有共構之名，卻無共構之實。後來沿著臺中市東側屯區而建的快速公路與原本的台74線接軌之後，整條台74線變成倒U字形的線形，如果配上國道3號來補上U字形的缺口處，即成為一個O字形的環狀路線；因此新的台74線放棄了「中彰快速公路」之名，改稱為「快官霧峰線」，不過我認為「環中快速公路」的名稱更適合。

　　內圈小環線也經過高鐵站。如果搭高鐵至臺中，租車出遊，上了台74線

台74線主線與高鐵跨越橋。

後，往來臺中市的都心區各景點都很方便。例如，南屯一（永春東路）交流道附近有彩虹眷村，西屯一（市政路）交流道可快速通往七期商圈及文心路，西屯三（西屯路）交流道可至逢甲夜市，建議下交流道後沿環中路接漢翔路，再將車輛停放在文修停車場，可以避開逢甲商圈的塞車。

　　台74線北屯二（松竹路）交流道即洲際棒球場，並可沿松竹路或東山路前往大坑風景區，不妨選一條登山步道來健行，或是吃一碗大坑有名的仙草及芋圓。

　　到了東半段的環線後，雖然路線經過太平區和大里區，實際上與臺中市東區、南區也相當接近。例如，太平交流道及大里交流道可透過樂業路及振興路（縣道136）向西進入臺中市中區火車站一帶及一中商圈。終點站霧峰

系統交流道，除了可無縫匯入國道3號之外，也能匯出至省道台3線，九二一地震教育園區就在交流道不遠處。但必須注意的是台74東環段的交流道雙向進、出口匝道是不對稱的，有時候下了匝道就沒有上匝道的路，出發前最好先核對一下地圖。

臺中高速路網的外圈大環線，國道4號及國道3號分別肩負C字路線的上、下半環。上半環的國道4號從清水至后豐，未來路線將再延伸，向南轉接到台74線的潭子區聚興里。其

上：行經大里、太平區的台74線，交流道匝道上下口不對稱，需先查地圖再上路較妥當。
下：台74線大里溪跨越橋，橋墩與橋墩之間的跨距最寬達一四五公尺，是世界最寬的跨距。

中的國道4號后豐端，即位於后豐、豐東鐵馬道旁，這裡有許多腳踏車出租店，也附有大型停車場，可以換騎腳踏車沿著綠樹成蔭的前東勢線鐵路的鐵馬道而行；而時間少或體力稍差者，可騎后豐線；時間充裕或體力佳者，不妨挑戰豐東全程，直接騎到東勢。東勢的美食聚集處在中盛巷、中和巷，就在東豐鐵馬道終點站，前東勢火車站旁邊。在沒有停車壓力下，騎著腳踏車

國道4號后豐端，由此可接臺中山城的東勢地區，或至鐵馬道一遊。

國道3號L路線環繞臺中的西、南半段，交流道也相當多。

任意找一家喜歡的小吃店享用東勢美食，既舒暢又愜意。

　　至於大環線的國道3號，從北而南經過大甲、清水、沙鹿及龍井。大甲
媽祖遶境已是臺灣每年春天的盛大慶典，清水、沙鹿又以小吃聞名，尤其是
清水的筒仔米糕及沙鹿的肉圓都距離交流道不遠。如果是自行開車或本身就
是臺中人的話，最後的回程不論內環或外環線皆有四通八達的公路通往四方
帶你回家；如果是租車的話，環繞了一整圈大臺中市之後，再循快官交流道
接台74線回到高鐵臺中站，寫下一頁幸福的環中之旅。

4.6 新中橫之南投信義線

　　南投縣信義鄉，每當颱風大水來襲時，新聞版面總少不了它。信義鄉的重要聯外道路是台21線，承載了無數個「平安回家」的希望，於是改建工程避開了山坡地，直接沿著溪底河床新建縱貫的高架橋；然而一座座高大挺拔的山環伺在側，毫不修飾地裸露出土石泥流及坍崩地質，行駛在這條充滿矛盾、衝突、災變和永不止息進行著工程的公路上，真是千頭萬緒。

　　台21線信義段被稱為「新中橫公路」，早期為了興建新的中橫，擬將台18線從阿里山打通至花蓮的玉里，再蓋一條連接水里信義的支線，即今台21線。不過台18線最終的目的沒有完成，變成現在台21線於塔塔加無縫接上台18線的情況，讓

新中橫之南投信義線路線圖

這條「新中橫」有橫之名卻無橫之實，因為路線本身是南北縱向。

　　身為信義鄉發展主軸的台21線水里神木段，連年受到風災重創，自從1996年以來，幾乎有修不完的工程在進行中。其中一勞永逸的辦法就是沿著河床新建高架橋，被喻為「新中橫高速公路」。

　　台21線在南投水里的崁頂村先以一座名曰「龍神橋」的橋梁跨越濁水溪後，便搭上陳有蘭溪一路向南，第一印象是迎面而來的崇峻高山，一座接著

一座，挺拔而上。

　　近年來一鄉一特產被大力行銷，「梅子」成為信義鄉和水里鄉的代表作，因此台21線沿線不但可通往賞梅花的風景區，如風櫃斗、烏松崙。當梅花變成青梅時，更具經濟價值，所以台21線除了許多梅子店的招牌外，還有梅子主題休閒農場、民宿等招牌，熱鬧的景象為台21線添上了遊憩觀光區的色彩。

　　穿越了信義鄉明德村之後，公路西側出現一排帶有原民風的斜頂建築，正是信義鄉農會特產中心，同時兼休息站功能，十分適合大夥兒在此小憩片

台21線沿陳有蘭溪河床而建的高架橋，被喻為「新中橫高速公路」。

上：信義鄉農會特產中心成為台21線的最佳休息站。
下：陳有蘭溪谷與昔日的便道。

刻。中心內除了各式各樣「望了止不了渴」的梅子製品外，三樓還有一處觀景臺。站在臺上，眼前所及均是開闊的陳有蘭溪谷，偶有裊裊炊煙從溪谷彼岸飄散開來。只是青山綠水的景致間的陳有蘭溪谷，卻充滿黃石和灰沙，樣貌有些凶惡，這些沙石正如警示燈號般，說明了豪雨時期水勢的浩大猛烈。近幾年「天定勝人」的大自然反撲中，陳有蘭溪的名字成了新聞常客，昔日的溪谷便道至今還看得見蹤影，但不久的將來勢必被周邊惡石所吞沒。

　　離開了農特產中心後，台21線連續新建了四座高架橋，橋段合計約三點六公里，這些高架橋均沿著陳有蘭溪的河床縱貫而行。由北而南第一座橋梁是一千三百公尺長的「沙里凍橋」，繞行豐丘明隧道外側，2009年5月通車。第二座橋為「豐丘橋」，長度約七百公尺，亦以高架橋繞行山坡地外

豐丘橋與昔日舊線的豐丘明隧道。

豐丘橋面上的曲線。

側，不過豐丘橋的跨距較小，橋梁未使用紅色鋼梁，維持著傳統的水泥色。

　　過了豐丘橋進入豐丘村後，接著是第三座高架橋：「陳有蘭溪橋」，也是最為壯觀的一座，全長一點五公里，沿著陳有蘭溪東岸河床而行，接著跨越陳有蘭溪的支流十八重溪，再跨過陳有蘭溪，將公路帶往河的西岸。多處橋墩均屬大跨距設計，最長的跨距達一百公尺。高架橋主梁均以鮮紅色的鋼梁為主，在灰黃的礫石中克服了土石流的危機。以往台21線舊線中的陳有蘭

以S形曲線跨越陳有蘭溪的陳有蘭溪橋。

溪橋伴隨著拔地而起的高峰景象，如今已被浮在半空中的公路所取代了。

　　陳有蘭溪橋不但長，中途還設有一處Ｔ字路口，外加紅綠燈一座。這個路口有一條聯絡道可通往郡大派出所及郡大林道，即台21線的舊線，聯絡道本身亦為高架橋梁，將這個路口高高架在陳有蘭溪的河床上頭。

　　循著聯絡道抵達郡大派出所，台21線舊線的十八重溪橋依然健在，這裡有一座卓然挺立的石崖絕壁，千百年來鎮守著陳有蘭溪。以前郡大派出所是

上：陳有蘭溪橋上的郡大派出所叉路口，後方一座卓然挺立的石崖絕壁，千百年來鎮守
　　著溪谷。

下：信義鄉的同富村是新中橫重要的補給點，由此前去下一個聚落即是阿里山。圖中叉
　　路即往東埔的投60線。

辦理入山證的地方，車行至此均要暫停幾分鐘，剛好可以喘口氣，因為早年沒有高架橋，路旁也沒有那麼多休息站及商家，更別說是農特產中心了，從水里一路開到郡大派出所大約需要一個多小時的車程，派出所因此成了臨時休息站。

新的陳有蘭溪橋以優雅的 S 形大彎道跨越了陳有蘭溪，紅色長龍的蜿蜒在噬人的溪谷裡，承載了安全回家的新希望。以前的路直接在這些山阜下開鑿而過，現在的路則是取代河床，與大山保持距離；然而這幾座山陵，土石泥流的崩塌痕跡不假修飾地懸掛著，在在警示著一則訊息：如何在公路開發與自然水土保持間取得平衡？考驗著人類的智慧。

過了陳有蘭溪橋，台21線來到了新鄉部落，經過短短五百公尺的平面路段後，台21線再度築起了高橋跨越筆石溪，即為「筆石橋」。筆石橋比較短，僅約四百公尺，但為了跨越筆石溪的土石流威脅，橋面最高處距溪谷約二十公尺，所以引道的坡度比較陡，從旁邊來看，倒有點像是拱橋。

過了筆石橋後，台21線的連續高架橋路段暫時告終，公路恢復平靜，行駛在陳有蘭溪谷的西側，還原成一般山區公路的模樣，進入信義鄉第二大聚落同富村，熙熙攘攘的街道上看不見連年風災的悲苦，或許這些悲苦都被當地居民吞下肚了，生活總是要過，只能祈求老天別再降臨災難。

同富村的投60線鄉道可進入東埔溫泉區，攀登玉山以及八通關古道的路線也可以從東埔而入。而台21線過了同富之後一直到塔塔加都沒有聚落，得再行駛台18線至阿里山，總共五十七公里的山路，才會回到凡塵俗世間。同富無疑是新中橫公路的最後補給站，若有油量不夠、糧草不足者，請在此備齊。

陳有蘭溪到了同富後分流，主線陳有蘭溪即往東埔的路廊，台21線則跟著另一支流「和社溪」前進。和社溪從二十世紀末開始不斷蹂躪著神木村，

昔日舊線的神木一、二號明隧道，已被土石淹沒大半。

每有颱風、豪雨來襲，神木村必定會登上新聞版面。我小時候跟著家人在神木村購買茶葉時，當時村內怡然自得的天真景象，恐怕已蕩然無存。

　　台21線到了昔日的神木村入口，再一次出現了紅橋高架，這段路為和社溪、松山溪、四區溪的匯流處。和社溪的上游即是神木部落，也是臺灣最有名的「土石流」區域。1996年之前，大家還不知道土石流有多可怕；賀伯風災過後才知道土石流的威力，嚴重時足以摧毀好幾個村落。

　　為了遠離地質不穩定的區塊，此處的台21線完全改線。原本的台21線乖乖沿著和社溪西岸邊坡而行，並建了兩座明隧道（神木一號及二號隧道），但是這兩座明隧道無法抵禦大規模的土石崩落，目前已被老天爺召喚回鄉了。站在神和橋旁，仍可望見神木一號、二號隧道的遺跡。新的台21線先是以大跨距的松泉橋越過和社溪到東岸，再以神和橋二度跨越和社溪回到西岸，最後以愛玉橋的一百八十度U字形彎回勾，並第三度跨過和社溪，好像跳島遊戲般。

　　二度跨過和社溪後，短暫地回到台21線原路廊，第三度跨越和社溪前有一處叉路口，指標上仍寫著「神木村」及「神木國小」，我的地圖上亦註記著「阿婆的店」，但這些地理上的名字已悄然地走下舞臺了，原本通往神木村的四區產業道路，也成了越野道路般的「Off Road」。原本台21舊線有松泉橋、神和橋和愛玉橋，現在連橋墩都找不到了，改線之後剛好產生了三座新的高架橋，可以對應舊座口，賦予其新生命，其中的愛玉橋是一座帶有一百八十度迴旋彎的高架橋。在新的工法下，台21線不但峰迴路轉，連高架橋也來個迴旋彎。

　　這些被戲稱為「台21線高速公路」的高架橋群，一來提供更安全的行車環境，二來也試著在自然水土保持間取得平衡點，看看是否能一勞永逸地避開地質敏感區。至於其他路段修修補補的仍多，畢竟台21線因陳有蘭溪及和

新建的「松泉橋」、「神和橋」和「愛玉橋」，形成一百八十度的大迴彎。後方路
跡為通往神木村的道路。

社溪所受的創傷難以估計，甚至在南半段的那瑪夏段也無法倖免，堪稱是臺灣最悲情的公路。前人開路時也料想不到有這麼一日。數十年後，這些高架橋是否能挺得住？台21線是否又會有更多改變？一切的就留給你、我或是後世的人來見證了。

　　但公路本身過了神木村入口後，也變得比較穩定了。之後的台21線沿著昔日阿里山森林鐵路的東埔線路基，一直到塔塔加與台18線相接，通往阿里山，全線皆能維持雙向二線道的寬度，雖然路彎難免，但相較於傳統的台8線、台20線等橫貫公路，台21線路況要優良多了。其中一四七公里處的「夫妻樹」是台21線上的著名景點。兩棵被火焚枯的紅檜屹立在路邊，對比遠方的山景及湛藍的天，更顯夫妻樹的堅毅之感。通常行駛新中橫公路會選擇在阿里山留宿一夜，放慢旅程的步調，再由台18線阿里山公路下山，接上國道3號後即可返家，結束這趟西部山區的縱貫之旅。

4.7 花木扶疏的雲林線

　　身為農業大縣的雲林，藏著幾條綠意盎然的公路系統，沿著雲林中部東西向的台78線快速公路，即能迅速抵達這些藏身於小角落的小公路。台78線本身也充滿了蓬勃的生機，從起點台西至終點古坑全程雙向二線道，但預留了未來可再拓寬的空間，這個空間目前被設置為分隔島的一部分，造就了台78線快速公路寬大的分隔島。

花木扶疏的雲林線路線圖

　　既然擁有寬大的分隔島就得善加利用。公路總局在全線的分隔島上，植滿了各式各樣的行道樹，最常見的包括柏樹、小葉欖仁、羊蹄甲、阿勃勒、黃花風鈴木等。春暖花開的季節，開車時雖然聞不到花香，但視野上的芳華繽紛讓車內的空氣彷彿也跟著清新了不少。我在台78線剛完工沒多久時走過全線，當時以「分隔島上有花園」來形容這條美麗的快速公路；完工後若干年的現在，為了寫書又再次走過全線，發現當年的小樹都長高了，連帶兩側路邊的綠樹也連貫成片。定時修剪的樹蔭只讓樹長高，不至於橫向發展形成

上左：台78線寬大的中央分隔島種有許多花草樹木，圖為元長段高大的柏樹。
上右：台78線被一片綠牆包圍的場景。
下：台78線也有公路常見的小葉欖仁，邊坡尚有黃花風鈴木。

綠色隧道，無形間被雕塑成公路上的綠牆。

　　台78線沿途除了夾道如牆的樹海之外，部分交流道附近也有茂密的花海及樹海景觀。由西而東，首先是土庫交流道，下匝道後往土庫方向，再駛入高鐵橋下道路，接上縣道158甲，往馬光方向而行。土庫路段的縣道158甲的路邊行道樹以黃花風鈴木為主，但種得比較稀疏，且樹齡尚幼，目前還未成氣候，假以時日，縣道158甲的黃花風鈴木或許可以與溪州段的台1線互相爭豔。

　　由縣道158甲再轉入縣道158，往馬光國中的方向前進，明顯可望見一條粉

土庫段的縣道158甲，路邊有許多黃花風鈴木。

紅花海的公路。這條羊蹄甲道為鄉道雲101線，當羊蹄甲未開花時，是一條圍著綠樹的農間公路。春天開始，羊蹄甲陸續開花，從綠葉中的粉紅到了全盛時期的整片粉紅花海，猶如櫻花般的美景，所以羊蹄甲又稱為南洋櫻花。

　　另外，台78線在三九公里的古坑交流道所接的平面公路為省道台3線，由此下匝道往古坑方向而行，即可抵達由台3線舊線、縣道158甲、縣道158乙構成的三角形環狀的綠色隧道。這裡的綠隧路旁皆為芒果樹，是早年日本為了隱藏公路而大量種植的，如今果樹成蔭，被規劃為自行車道。縣道158

馬光國中前雲101鄉道的羊蹄甲。

乙還有部分路段穿插著樹形較高的樟
樹，同樣的綠色隧道卻有兩種風情。
台3線舊線雖然有新蓋的四線大道從
旁繞道，但新線卻種有大量樟樹，本
身也是一條綠色隧道；舊線有些叉路
的小道，也植有許多芒果樹或樟樹。
來到古坑綠色隧道，不管是大路綠
隧、小路綠隧，三角環線中的綠隧成
群，都可以暫時關掉汽車的冷氣，進
入芬多精的天然氛圍中，體驗林蔭的
自然涼。

上：縣道158甲、縣道158乙及舊台3線的
　　綠隧以芒果樹為主。
下左：縣道158乙的綠隧偶爾還見有樟
　　　樹。
下右：台3線外環道的新路線也種有許多樟
　　　樹，本身也是一條新綠隧。

4.8 嘉南濱海鹽鄉線

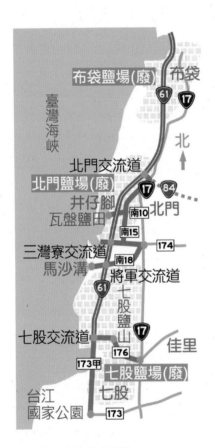

嘉南濱海鹽鄉線路線圖

　　一般人對嘉南平原的印象大多是豐富的農業活動以及蘊孕育的稻香文化。而嘉義、臺南的沿海地區早期最盛行的農業活動不是水稻田，也不是養殖漁業，而是我們生活中不可或缺的必需品：鹽田。臺灣的鹽來自海洋，為了汲取海水裡的鹽，必須將海水導入平地，再經過過濾、曝晒等複雜程序，將鹽的結晶從海水中析出，形成天然海鹽。

　　早年，臺灣的鹽場包括布袋、北門、七股、烏樹林、臺南以及鹿港等地。其中鹿港鹽場在1964年停用，其他鹽場自1971年開始陸續除役，直到2002年，七股鹽場廢晒後，臺灣傳統鹽業宣告消失。目前的鹽大多改由現代化「電析法」生產，工廠位於後龍，距離臺南十萬八千里遠，因此不再需要依靠大量人力揮汗在大太陽下的鹽田工作。

上：昔日的鹽田廢棄後變得像湖水一般。圖為縣道176線。
下：這類河湖般場景的公路景觀，只有臺南沿海一帶才看得到。

上左：廢棄鹽田的湖面讓台61線宛若湖上的公路。
上右：鄉道南15線與兩旁廢棄的鹽田湖。
下：井仔腳復育的瓦盤鹽田已成為觀光地區。

　　雖然鹽田相繼廢晒，但是晒鹽之田大部分都保留下來了，這些曾經的鹽田仍然充滿著海水，形成一片片毗鄰的大池。這些舊的鹽區裡，踏實的陸地竟然比水面積少了許多，地圖上也多以一區區的水域來表示。行經鹽區的公路或道路，例如，縣道176線或鄉道南26線路旁幾乎是舊鹽田形成的水域，布袋的縣道163旁原本的鹽田大多改為養殖漁業的魚塭。這些公路上放眼所及沒有其他的樓房建築，而且道路通常不見行道樹，路的兩旁圍繞著水域，有時除了鹽田外，還有許多溝道流經，讓公路本身如同水面上的高堤。

　　可想而知，早期鹽田仍在正常運作時，在一片片水域上堆疊著一座座白色的小鹽山。雖然鹽山不復在，但特殊的鹽鄉公路景觀在臺南市的北門、將軍、七股一帶仍能感受得到，未來或許將隨著時間推移而逐漸消失。目前在北門區的舊鹽場就因台61線的開發，而犧牲了許多舊鹽田，還好鄉道南10線的井仔腳瓦盤鹽田已被整理為教育園區，也復育了部分鹽田，至少在北門仍延續著鹽鄉生命。縣道176線旁的七股鹽場曾是臺灣最大的鹽場，因鹽山的特殊地景也被保存下來成為一處著名的文化園區。

　　鹽鄉公路通常不見行道樹，行經區域也相

當空曠。由於鹽田均已廢除，人車甚少，而聚落多為集居，路邊除了偶見的
工寮外，幾乎看不到民宅，行駛在鹽鄉道路上，總會有一種「大地我獨行」

鹽鄉公路通常空曠且不見樹蔭，夏日時需注意防曬。

的錯覺。夏日的太陽火辣，冬天的寒風凜冽，前往鹽鄉時，可要注意防曬或
保暖。

4.9 高屏環狀快速線

　　臺中市有一組高速公路雙環線系統，到了高雄市及屏東市也擁有一個 O 字形的環狀快速路網，它們是國道1號、國道10號、國道3號及省道台88線所組成的。這圈路網中，平日輸運著大批通勤、通學的族群；假日則是觀光客、旅人的重要捷運，所以交通流量相當高。

　　國道1號的鼎金系統至五甲系統之間，是高屏環狀線的西段，屬國道中山高的終點路段

高屏環狀快速線路線圖

，同時也是高雄市區的南北向快速幹道。它的拓寬方式不像五楊採用高架橋，而是直接將原路拓寬，最寬處可達雙向十線道，就像是一條口徑非常大的水管，與高雄市區寬大的幹道群互相呼應。

　　國道1號高雄路段的交流道形式也與眾不同，因為路線行經市區，平面路面橫向的幹道相當多，為了滿足所有幹道都能銜接上國道，所以將進、出口匝道的距離拉長，再利用與國道平行的平面集散道來聯絡各平面幹道，楠

國道1號高雄路段單向五線道、雙向十線道的寬度。

梓、高雄交流道都是這類典型，如同魚骨頭的線形。後來興建的香山、梅山，以及國道5號的宜蘭、羅東交流道，設計精神均同於高雄交流道。

　　國道10號全線則屬高屏環狀路網的北環段，全線雙向三線道，西通高鐵左營站，東則串連了郊山地區的燕巢和旗山。如果是走國道3號南下，也得透過國道10號進入高雄市區，所以通車以來交通流量便相當大。國道10號終點旗山匯聚了各方公路，往東北可至美濃、六龜，往東南可至屏東的高樹，往北則至杉林、甲仙乃至南橫公路及那瑪夏，往西則至田寮、內門，乃至於臺南的龍崎。至於旗山本身也擁有老街的歷史，不過老街商業化得有些誇張，優美的巴洛克建築被冷落在霓虹招牌的背後。2009年融合維多利亞及哥德建築的木造旗山火車站修復完工並開放觀光後，成為老街唯一帶有文化及歷史的場合。

上：國道10號為高雄環線的北環段。
下：融合維多利亞及哥德建築的木造旗山火車站。

南臺灣的地標：國道3號斜張橋。

　　國道3號的燕巢系統至竹田系統是環狀路線的東環段。若是走國道3號南下路段，在多山的燕巢山區裡繞行後，夾岸的山勢突然結束，那聳立在面前、比山還要高的是跨越高屏溪的斜張橋。高屏斜張橋為倒Y字塔的單塔不對稱設計，自從完工後，一直都是攝影玩家的熱門景點，甚至「賞斜張橋」也成為熱門活動，連帶促成了小商機，並帶動臺灣景觀大橋的興建風潮。

　　過了斜張橋，跨越了高屏溪，眼前景致已悄悄轉換為屏東情調。在燕巢之前，國道一路沿著地塹、隧道的山區而行；到了斜張橋之後，轉而進入屏東平原，視野豁然寬廣，性喜高溫日照的椰子樹開始錯落在路邊，強烈的景觀差異也宣告國道3號正式邁進屏東。

國道3號進入屏東地區的椰子樹展現南國風情。

　　進入屏東之後，第一座交流道為九如交流道。1999年底完工的九如交流道是南二高時期的通車終點，直到2003年9月底，九如以南才陸續分段通車。九如交流道的啟用對屏東而言意義非凡，它是進入屏東市的門戶，自通車以來便占有極高的使用率。九如交流道位於屏東縣九如鄉，下交流道後可聯絡里港、九如、屏東市區和茂林風景區。

　　幾乎以高架為主的國道3號屏東段，大部分的橋下空間已闢建為平面道路供機慢車行駛。九如麟洛段沿中央分隔島還設有自行車道，自行車道大部分都躲在高架橋下，騎士可以涼快輕鬆地欣賞屏北田園風光，不必擔心炎炎夏日的高溫烈烤。

　　屏東路段的國道3號，東邊中央山脈高聳的山勢相當靠近公路，到了竹田，一座尖如守護者的高峰便出現在眼前，它是一千多公尺的三地門山，天氣好的時候還可以看見更遠的北大武山。若時間允許，走長治交流道下，沿台24線至三地門，約半小時的車程即可到達臺灣最高的橋「霧台谷川大橋」。

　　台88線五甲系統至竹田系統則是南環路段，亦屬臺灣最南的東西向快速

台88線五甲系統至竹田系統則是南環路段，亦屬臺灣最南的東西向快速系統。

系統。它由五甲經鳳山、大寮、萬丹至竹田潮州，全長二十二公里，是臺灣第一條全線通車的東西向快速公路，肩負高屏間的運輸重擔，原本沒有快速路網的屏東縣，在台88線及國道3號相繼通車後，對外交通完全改變。筆直的台88線時常朝著大武山而去，南部的好天氣在午後東行時，那山、那路、那美麗的藍天，可遇而不可求，卻足以洗去旅途的疲累。不過台88線全線僅配置雙向二線道，道路容量明顯低估，以至於每天尖峰時段的警廣廣播中總會聽到台88線的名號，尤其大寮、大發和五甲系統都是易塞車的路段。

不過台88線大多通過工業區，通勤性質高，對旅人而言也是以路過為主。雖然大武山在天氣好時會以聳峻的姿態挺立於前，但因路小車多，再加上聯結車也非常多，這種經常眾車混雜的情況，也算是台88線的一大奇觀，讓人開起車來格外緊繃。

高屏的環狀路線，東、西、南、北四段幹道各有千秋，風情也各不相同。透過彼此路網的延長可以通往更多地方，縮短旅行時間。不論是都會通勤或是假日遊玩，在高屏地區活動時，幾乎都會利用到這座環線快速路網，目前也有飽和的趨勢；為了疏導交通，在○字路網內又另外提出興建縱向的國道7號及橫向的高雄新快速路，讓單純的環線變成了「田」字形路線，讓交通更便利。

4.10 海岸山脈縱貫線

　　花東地區的公路系統多以南北向的縱貫道為主，其中台9線走縱谷，台11線走海邊，由山線、海線組成基本的交通路網；但在海岸山脈裡也有二條縱貫於山區的公路，在花蓮縣為縣道193線，在臺東縣則是縣道197線。因為縣道197線包含碎石路，要全程踏破較為不易，相關記載已見於前一章，因此本節僅聚焦於縣道193公路。

　　縣道193線起於七星潭北方的三棧，止於玉里，全長一百一十公里，是臺灣最長的縣道。我曾騎機車走過全程，猶記得是個陰雨不斷的仲夏，公路上幾乎沒有人車，部分路段甚至覺得陰森，讓人冷不防打了個哆嗦；後來在大晴天再度造訪時，卻又是那麼舒服、溫暖，令人不忍離去。

海岸山脈縱貫線路線圖

　　沿著台9線南行經過新城沒多久，見到七星潭的指標，即縣道193公路。對比四線道加安全島的台9線，193公路彷彿是被丟在一旁的廢棄小徑。路的兩旁有時是草原，有時換成了營區和公墓，路幅一直維持單線道，就這麼來到了七星潭。我一直相當喜歡七星潭，但它不是一座潭，而是一抹寧靜的海灣，一座被碩大的中央山脈所呵護的藍海。

離開了七星潭，縣道193線南行至東臺灣最熱鬧的花蓮市，路幅從原本的小路彎彎變成四線大道，並與台11線共線，是縣道193線唯一有都市氣息之處。當然也可以順道至市區走走逛逛，或乾脆留宿一夜。

縣道193線所經之七星潭其實是一座海灣。

過了木瓜溪出海口後，縣道193線正式進入海岸山脈，沿著海岸山脈西側山麓開道，剛好在木瓜溪與花蓮溪匯流處，彼岸的中央山脈在這裡開了一個谷口，木瓜溪就從千層山間的萬重Ｖ形谷中甩尾出谷。出谷段是沖積平

左：從海岸山脈眺望花蓮市。
右：縣道193線與台11線路口，公路由此進入海岸山脈。

原，現在是花蓮農場及東華大學。因為公路建築在山坡邊，不時都有可觀的視野可以眺望縱谷，也能眺望花蓮市。縱谷中的花蓮農場遠景，作物整齊但不一致地排列著，萬般寧靜如北海道的風情；再轉個方向望北，東部大城花蓮市就在不遠處，卻見工業區的煙囪像是童話裡的小菸斗，不斷放出白色的煙霧，而遠景中的城市建築也是以白色為基調，加上木瓜溪寬大河床的灰白，以及山脈上不同層次的白雲，整個花蓮市在白色煙霧中像個海市蜃樓，虛幻而不真實。

　　沿著縣道193公路前行，經過一個又一個原住民聚落，看到一群又一群天真無邪的孩子；一路下來，純淨質樸，沒有都市華麗的色彩，卻擁有單純自然的幸福，我很羨慕這裡的一切，包括那些飛舞的小白蝶，但身為一個過

上：縣道193眺望花蓮溪。
下：雨後的早晨，縣道193所見的中央山脈山腳的帶狀雲。

左：羊腸般的小路，縣道193線
　　總是一副與世無爭的感覺。
右：縣道193經過的月眉聚落。

客，無法在此長居久留。往西眺望花東縱谷的綠野景色時，也不時看見台9
線繁忙的運輸；花東縱谷的大動脈就是台9線，貨櫃車特別多。在一片靜止
的油畫裡，台9線是唯一明顯在移動的線條。強烈的對比更襯托出193公路夢
一般不真實的怡然景色。

　　從瑞穗到玉里，縣道193公路沿秀姑巒溪東岸至玉里，西岸則是台9線。
這段縣道193線的聚落較多，往來的車輛也不少，路幅較為寬大，不時還有
客運公車和大貨車經過，與北段的怡然相較，南段熱鬧中雖也不失寧靜，卻
多了幾許令人不安的喧囂。

　　縣道193線的海岸山脈縱貫公路之旅，不太建議開車來，它比較適合悠
閒地騎著機車或腳踏車慢慢地品味；就算非得開車不可，也請把車窗降下
來，好好呼吸純淨的空氣。偶爾從山頭飄下來的雲霧，在路的兩旁散開；偶
爾經過的草原，油綠地在眼前展開；偶爾飛過的小白蝶，追呀追著那細雨
絲；遠處深青色的山，一條雲帶沿著山腰不斷伸展。羊腸般的六米路寬全是
綠意，果園、菜園、樹林、荒地，還有電線桿，偶爾會遇到幾戶離群索居的
人家，遠遊至此，樂而忘憂。

4.11 澎湖海島串聯線

澎湖海島串聯線路線示意圖

　　臺灣本島的公路路網相當發達，一連串精采的傳奇內容幾乎以本島為主；離島地區如澎湖、綠島、蘭嶼和小琉球因為地方小，目前沒有國道及省道的配置。大多數的島嶼以鄉道的公路系統為主，如綠島的「東90」、蘭嶼的「東80」、「東81」、小琉球的「屏201」至「屏204」等。其中澎湖群島中，因為島嶼眾多，面積較大的七美、望安也有鄉道公路系統。至於澎湖主要的四島：澎湖本島、中屯嶼、白沙嶼及西嶼，彼此距離近、面積大，目前有五條縣道級公路系統，編號從201至205。其中四條位於澎湖本島（縣道

204包括一條支線204甲），最特別的縣道203線以一個彎勾形路線串接了澎湖大島、中屯嶼、白沙嶼以及西嶼等四座島嶼，是臺灣唯一的跳島式跨島公路系統，且是各島嶼之間的重要聯外道路，其地位類似臺灣本島的縱貫公路，到澎湖旅行的遊客也多會以縣道203線為主來安排行程。

　　縣道203線起於馬公商港，終至西嶼的外垵，全長三十六公里。它的起點是馬公的鬧區，行經澎湖縣的行政中心。雖然市區的縣道203標示並不明確，路名反而比公路編號更實用，這也是公路進入市區的必然狀況。

　　出了馬公市區後，縣道203的路幅增為雙向四線道的寬度。其實澎湖縣的縣道級公路大多有雙向四線道的水準，路況也相當良好，出了市區段的縣

縣道203位於馬公市區的起點。

縣道203與咾咕石牆。

道203全線維持著典型澎湖漁村的特色。因為風大，屋舍不會太高；農地為了防風，多會用一種珊瑚化石「咾咕石」（不規則且表面布滿孔洞如小行星般的灰黑色石頭）搭建成矮牆，石塊間的組合相當規則，再由直牆圍成一圈圈的長方形農地，有些人家還會用咾咕石搭建成房屋。咾咕石牆在澎湖四處可見，縣道203沿線也不例外。

澎湖公路最著名的即「跨海大橋」，全長二點六公里的長度曾是東亞第一長的跨海大橋，兩端入口的白色拱形門已成為澎湖的地標和象徵。跨海大橋連接白沙嶼與西嶼兩座島嶼，總長度雖達二點六公里，但真正跨海的路段只有一公里，其餘部分則是長長的人工海堤，不過若沒有從側面觀察，一定

上：澎湖的地標：澎湖跨海大橋本身也
　　是縣道203線。
下：從側面觀察，跨海大橋包括長長的
　　人工海堤，中間有橋墩處才是真正
　　跨海的路段。

　　不會發現這個小祕密，因為站上跨海大橋後，不論哪一個路段，橋旁所見盡
是臺灣海峽的藍色汪洋。跨海大橋於1970年完工通車，1996年改建工程完
成，目前所行經的即第二代橋面，在橋北的海面上還留著第一代大橋拆除橋
面後插在海裡的橋墩，任憑海水拍擊。

　　除了澎湖跨海大橋外，縣道203公路其實還有兩座跨海的橋，分別是澎

湖本島至中屯嶼的「中正橋」，以及中屯嶼至白沙嶼的「永安橋」，相較於
跨海大橋的氣勢，這兩座橋跨海的長度就顯得短小許多，卻是位於前往澎湖
跨海大橋的必經之路，一般遊客大概不曉得前往跨海大橋的路上，其實已跨
海兩次了。中正橋與永安橋兩座「跨海小橋」，施作方式如同澎湖跨海大
橋，以人工海堤的方式將海水包圍，再以真正的橋來跨海，卻因此造成澎湖
內海的生態問題，所以近來有中正橋改建的計畫，改建完成後，未來跨海的
長度將會增加許多。

上：跨越中屯嶼和白沙嶼的
　　永安橋。
下：跨越澎湖本島和中屯嶼
　　的中正橋。

上：從縣道203展望外垵村。
下：縣道203終點之前在外垵村的彎彎小路。

　　縣道203一路上幾乎是平路，偶爾會遇到幾個坡度不大的小坡，不過到了西嶼後，地勢的起伏較大，會出現山路般的彎道等級；終點之前的內垵至外垵，公路隨著地形升高，出現許多展望點，一會兒觀覽西嶼島北邊的海灣及玄武岩，一會兒又可居高臨下眺望內垵、外垵兩個聚落。進入外垵之後，縣道203公路一路下坡，先是縮減為雙線道，路幅又縮小為六米寬的小路，直到終點站外垵漁港。起於馬公商港，終於外垵漁港，一路上行經許多大小漁港，說明了澎湖本身以漁業為主的產業形態。有機會來到澎湖時，走一趟縣道203線便能一次跨越三海、暢遊四島，體驗特殊的公路地理風情，感受海洋的澎湖之美。

MIT 系列 001

逐路臺灣：你所不知道的公路傳奇

作　　者　余風
主　　編　邱憶伶
責任編輯　麥淑儀
責任企劃　吳宜臻
封面設計　耶麗米工作室
內頁排版　果實文化設計工作室

總 編 輯　李采洪
董 事 長　趙政岷
出 版 者　時報文化出版企業股份有限公司
　　　　　108019 臺北市和平西路三段 240 號 3 樓
　　　　　發行專線／（02）2306-6842
　　　　　讀者服務專線／0800-231-705、（02）2304-7103
　　　　　讀者服務傳真／（02）2304-6858
　　　　　郵撥／1934-4724 時報文化出版公司
　　　　　信箱／10899 臺北華江橋郵局第 99 信箱

時報悅讀網　　www.readingtimes.com.tw
電子郵件信箱　newstudy@readingtimes.com.tw
時報出版愛讀者粉絲團　http://www.facebook.com/readingtimes.2
法律顧問　　理律法律事務所 陳長文律師、李念祖律師
印　　刷　　華展印刷有限公司
初版一刷　　2014 年 5 月 16 日
初版二刷　　2020 年 3 月 13 日
定　　價　　新臺幣 360 元

逐路臺灣：你所不知道的公路傳奇 / 余風
作 . -- 初版 . -- 臺北市：時報文化，2014.04
　　面；　公分 . -- (MIT 系列；1)
ISBN 978-957-13-5966-3(平裝)

1. 臺灣遊記 2. 公路

733.6　　　　　　　　　　103008473